Le droit d'occupation et d'acquisition des terres et terrains au Congo

Textes, notes et décisions de la Cour constitutionnelle

Pierre MABIALA

Le droit d'occupation et d'acquisition des terres et terrains au Congo

Textes, notes et décisions de la Cour constitutionnelle

© L'Harmattan, 2021
5-7, rue de l'École-Polytechnique ; 75005 Paris

http://www.librairieharmattan.com

ISBN : 978-2-343-23980-4
EAN : 9782343239804

Sommaire

AVANT-PROPOS..7
INTRODUCTION..9

I TEXTE LEGISLATIF ET NOTES..13
1. Loi n°21-2018 du 13 juin 2018 fixant les règles d'occupation et d'acquisition des terres et terrains 13
2. Notes sur la loi n°21-2018 du 13 juin 2018 fixant les règles d'occupation et d'acquisition des terres et terrains : 28

II TEXTES D'APPLICATION DE LA LOI N° 21-2018 DU 13 JUIN 2018 FIXANT LES REGLES D'OCCUPATION ET D'ACQUISITION DES TERRES ET TERRAINS................50
1. Décret n°2018-484 du 26 décembre 2018 fixant les attributions, la composition et le fonctionnement de la commission nationale de reconnaissance des terres coutumières.. 50
2. Arrêté n°7696/MAFDPRP/CAB du 11 septembre 2018 fixant les stipulations du certificat de géo-référencement initial : 60
3. Arrêté n°3899/MAFDPRP/CAB du 4 mars 2019 relatif au formulaire officiel de l'acte de vente des terres et terrains 64
4. Arrêté n°3901/MAFDPRP/CAB du 4 mars 2019 relatif au formulaire officiel du procès-verbal d'enquête parcellaire de traçabilité : 70
5. II-Arrêté n°3902/MAFDPRP/CAB du 4 mars 2019 relatif au formulaire du procès-verbal de reconnaissance des terres coutumières : 74
6. Arrêté n°3903/MAFDPRP/CAB du 4 mars 2019 fixant les modalités de constatation de la possession continue, réelle, paisible, publique et non équivoque des terres et terrains au bout de trente (30) ans :.. 81

III DECISIONS DE LA COUR CONSTITUTIONNELLE : 84
1. DECISION N°002/DCC/SVA/18 DU 13 SEPTEMBRE 2018 85
2. DECISION N°003/DCC/SVA/18 DU 3 OCTOBRE 2018 90
3. DECISION N°005/DCC/SVA/19 DU 6 JUIN 2019............... 101

CONCLUSION 125

AVANT-PROPOS

L'ouvrage *Le droit d'occupation et d'acquisition des terres et terrains au Congo* répond incontestablement à une attente réelle dans un domaine où les juristes spécialisés ne sont pas nombreux et les publications, cela va de soi, n'y sont pas abondantes. Juriste de formation, m'appuyant sur une longue expérience d'avocat et de diplômé en droit et technique parlementaires de l'ENA, en France, avant d'assumer les charges de parlementaire (député et sénateur), de ministre d'Etat, ministre des Affaires foncières et du Domaine public, chargé des relations avec le Parlement et d'ancien ministre de la Justice au Gouvernement de la République du Congo, j'ai résolu de faire paraître un ouvrage de vulgarisation d'un droit très peu connu par nombre de citoyens.

Ce livre contient les textes essentiels en rapport avec le droit d'occupation et d'acquisition des terres et terrains. Il est d'une utilité certaine dans la mesure où il se présente comme un voyage à travers les textes et la jurisprudence constitutionnelle. Tout en opérant un effort d'assemblage des textes, il comprend en même temps des notes de textes et de la jurisprudence dont le but est d'éclairer le lecteur sur le contenu des textes en vigueur en droit congolais d'occupation et d'acquisition des terres et terrains et sur l'interprétation que le juge constitutionnel nous offre de la loi réformatrice qu'est aujourd'hui dans notre pays la loi n° 21-2018 du 13 juin 2018 fixant les règles d'occupation et d'acquisition des terres et terrains. Il répond, de ce point de vue, non seulement aux attentes didactiques mais se prête aussi à l'usage des praticiens du droit foncier.

Cette première édition, je l'espère, sera suivie d'autres, dans la mesure où la matière est très riche et dynamique.

Enfin, est-il nécessaire de relever que le présent ouvrage est constitué de trois titres dont deux sont essentiellement textuels et un exclusivement jurisprudentiel.

Pierre MABIALA

INTRODUCTION

Le droit congolais d'occupation et d'acquisition des terres et terrains est fondé principalement sur deux sources ; l'une constitutionnelle, à savoir l'article 23[1] de la constitution du 25 octobre 2015, et l'autre tirée en l'occurrence de la loi n°21-2018 du 13 juin 2018 fixant les règles d'occupation et d'acquisition des terres et terrains, complétée par six textes réglementaires.

Avant la promulgation de la loi du 13 juin 2018, la mise en œuvre de la réforme foncière de 2004 avait permis de constater l'existence en République du Congo des phénomènes d'occupation et d'acquisition anarchiques des terres et terrains par des personnes physiques ou morales, de nature à créer l'insécurité foncière.

Les conséquences multiples et néfastes générées par ces phénomènes sont entre autres :

- La mise à mal de la bonne gouvernance foncière ;
- La menace de la paix sociale ;
- Le frein à la production agropastorale et industrielle nationale ;
- L'urbanisation accélérée et incontrôlée, facteur de création des quartiers non réglementaires avec des habitats insalubres ;

---

[1] « *Les droits de propriété et de succession sont garantis. Nul ne peut être privé de sa propriété que pour cause d'utilité publique, moyennant une juste et préalable indemnité, dans les conditions prévues par la loi.* » (Article 23 de la Constitution du 25 octobre 2015)

- La vente des terres et terrains non constructibles par les détenteurs des droits fonciers coutumiers, provoquant l'érosion, le glissement de terrain, l'inondation, l'ensablement, l'engloutissement des habitations et des pertes matérielles et des vies humaines ;
- Les conflits de propriété dus aux superpositions de ventes des terrains et de titres, ainsi qu'aux lotissements anarchiques.

Il a donc été impérieux d'apporter, par voie légale, des solutions à tous ces travers fonciers.

C'est dans ce contexte que la loi n°21-2018 du 13 juin 2018 fixant les règles d'occupation et d'acquisition des terres et terrains a été prise en vue de fixer les règles d'occupation et d'acquisition des terres du domaine rural de l'Etat, des terres coutumières et des terres et terrains urbains et périurbains ; de préciser les conditions d'occupation et d'acquisition de ces terres et terrains ; d'indiquer les règles relatives à l'occupation précaire des terres et terrains, au droit de propriété foncière, à l'interdiction d'occuper et d'acquérir des espaces fonciers non constructibles et de la reconnaissance des droits fonciers coutumiers par l'Etat.

La loi du 13 juin 2018 fixant les règles d'occupation et d'acquisition des terres et terrains permet d'éradiquer une fois pour toutes, ce désordre foncier récurrent, de concrétiser l'immatriculation d'office des propriétés par l'Etat, gage de constitution de l'assiette fiscale foncière fiable, de mettre en place un dispositif des mesures coercitives permettant de prévenir les risques d'érosions, d'inondations, de glissement de terrains, d'ensablement et d'engloutissement des habitations auxquels sont exposées les populations, de favoriser la sécurisation et la fiabilisation des titres fonciers qui seront désormais délivrés à coûts modérés et à bref délai, par un guichet unique foncier, de contribuer de manière décisive à l'amélioration du climat des affaires en République du Congo.

La loi du 13 juin 2018 fixant les règles d'occupation et d'acquisition des terres et terrains a l'avantage de clarifier désormais, pour leur utilisation par les usagers du foncier, les concepts de reconnaissance des terres coutumières, de mandataire général, de propriétaires terriens, de propriétaires fonciers, d'occupants fonciers précaires, d'occupants anarchiques ou illégaux, de rétrocessions foncières de l'Etat, de tiers de confiance, de cadastre état civil du foncier, d'antériorité de l'occupation et de l'acquisition, de guichet unique foncier, de terres ou terrains non constructibles jusque-là, diversement interprétés.

Si l'on peut, aujourd'hui, saluer la promulgation de la loi du 13 juin 2018 fixant les règles d'occupation et d'acquisition des terres et terrains, on doit en même temps relever que ce sont les textes d'application qui ont permis de donner une pleine application à cette loi. C'est à ce titre que le présent ouvrage consacré au droit d'occupation et d'acquisition des terres et terrains ne se limite pas simplement à la loi du 13 juin 2018 fixant les règles d'occupation et d'acquisition des terres et terrains mais présente également les six (6) textes d'application de cette loi afin de bien rendre compte des récentes évolutions de notre droit d'occupation et d'acquisition des terres et terrains. Il présente, en effet, en un seul volume les principaux textes relatifs aux questions foncières. L'ambition poursuivie à travers cette publication est d'offrir aux lecteurs un accès immédiat et facile aux textes de base relatifs à l'occupation et à l'acquisition des terres et terrains dans la perspective de faciliter leur application par tous les citoyens car *« nul n'est censé ignorer la loi »*.

Il se distingue des autres recueils de textes en ce qu'il intègre, d'une part, les notes de la loi n°21-2018 du 13 juin 2018 fixant les règles d'occupation et d'acquisition des terres et terrains et, d'autre part, des notes introductives au début de chaque texte d'application. Mis à part les textes évoqués, *le droit d'occupation et d'acquisition de terres et terrains au Congo* revient sur la jurisprudence constitutionnelle relative aux questions foncières.

Cet ouvrage devrait donc permettre aux lecteurs (aux administrateurs, universitaires, magistrats, avocats, notaires, huissiers, consultants, étudiants, autorités traditionnelles…) d'y trouver des textes essentiels dans leur intégralité, organisés en tenant compte du principe de la hiérarchie des normes. C'est cette orientation qui explique la répartition des sept (7) textes réunis dans les deux (2) premiers titres (I et II) et les décisions de la cour constitutionnelle dans le troisième titre (III)

I TEXTE LEGISLATIF ET NOTES

1. Loi n°21-2018 du 13 juin 2018 fixant les règles d'occupation et d'acquisition des terres et terrains

L'ASSEMBLEE NATIONALE ET LE SENAT ONT DELIBERE ET ADOPTE ;

LE PRESIDENT DE LA REPUBLIQUE PROMULGUE LA LOI DONT LA TENEUR SUIT :

TITRE I : DISPOSITIONS GENERALES

Article premier - L'espace foncier national comprend le domaine foncier des personnes publiques et le patrimoine foncier des personnes physiques et morales de droit privé.

Article 2 - Le territoire national constitue une étendue foncière susceptible d'être mise en lots pour constituer des terrains.

Les terrains sont des unités parcellaires issues du lotissement des terres. Leur superficie est exprimée en mètre carré, convertible en hectare, are et centiare.

Article 3 - Les terres et terrains situés à l'intérieur du périmètre d'une commune ou d'une communauté urbaine, affectés à l'usage du public ou considérés comme propriété de l'Etat par nature ou par destination, constituent le domaine urbain.

Article 4 - Les terres périurbaines sont des fonds de terre intermédiaires, d'une emprise de dix (10) kilomètres entre les terres du domaine rural et les terres et terrains du domaine urbain.

Article 5 - Les terres coutumières sont des fonds de terre détenus en vertu des coutumes et traditions existantes.

Article 6 - Les terres situées en dehors des périmètres urbain et périurbain constituent, de plein droit, le domaine rural.

Les terres du domaine rural autres que celles appartenant aux propriétaires terriens, sont immatriculées au nom de l'Etat qui en assure l'utilisation et la mise en valeur, conformément au plan national de développement économique et social, et aux documents d'aménagement du territoire.

TITRE II : DE LA DETENTION DES TERRES COUTUMIERES

Article 7 - La détention des terres coutumières doit être prouvée par leurs détenteurs.

La preuve de la détention des terres coutumières est rapportée par l'arrêté de reconnaissance de ces terres.

Nul ne peut jouir des droits fonciers coutumiers s'il ne dispose des terres coutumières qui ne font l'objet d'aucune contestation.

Article 8 - Pour jouir des terres coutumières, leurs détenteurs doivent, au préalable, les faire reconnaître par l'Etat.

La reconnaissance des terres coutumières est prononcée par arrêté du ministre en charge des affaires foncières sur la base du procès-verbal de la commission nationale de reconnaissance des terres coutumières.

L'arrêté de reconnaissance des terres coutumières, assorti d'un plan de délimitation des terres reconnues, consacre leur origine coutumière, détermine leurs détenteurs et vaut autorisation d'immatriculation obligatoire de ces terres, sans préjudice des documents de planification, notamment, le plan de développement et d'aménagement, les plans d'affectation des terres et le plan d'urbanisme.

Article 9 - Un décret pris en conseil des ministres fixe la composition, les attributions et le fonctionnement de la commission nationale de reconnaissance des terres coutumières.

Article 10 - Les détenteurs des terres coutumières qui les font reconnaître par l'Etat acquièrent, de plein droit, la qualité de propriétaires terriens.

Article 11 - Lorsque la procédure de reconnaissance des terres coutumières ne peut aboutir pour cause de superposition des droits fonciers coutumiers, les prétendus détenteurs de ces terres doivent terminer leur litige devant une juridiction compétente saisie à la diligence de l'une ou l'autre partie.

En ce cas, aucune reconnaissance des terres coutumières n'est possible avant le prononcé d'une décision définitive de justice.

Article 12 - Les terres coutumières sont interdites de lotissement, de cession à titre onéreux ou gratuit, d'échange, de donation entre vifs et d'acquisition par prescription avant leur reconnaissance par l'Etat.

Article 13 : Tout lotissement, toute cession, toute donation entre vifs, ou de façon générale, toute mutation ou tout transfert de propriété portant sur les terres coutumières reconnues par l'Etat, ne peut s'effectuer qu'après l'immatriculation de celles-ci.

Article 14 - Les terres coutumières reconnues par l'Etat constituent une propriété foncière indivise.

Les actes de gestion y relatifs sont réalisés par le mandataire général dûment désigné par les indivisaires à l'issue d'un conseil de famille.

La désignation du mandataire général est rapportée dans un procès-verbal homologué par le tribunal de grande instance du lieu de situation des terres coutumières saisi par requête collective des indivisaires dans les quinze (15) jours suivant la date de désignation du mandataire général.

Tout acte de gestion réalisé par un indivisaire en violation des attributions du mandataire général, est nul et de nul effet.

Tout indivisaire peut solliciter, devant le tribunal de grande instance du lieu de situation des terres coutumières la fin de l'indivision.

Article 15 - L'immatriculation des terres coutumières reconnues par l'Etat est obligatoire.

Le droit de requérir cette immatriculation appartient exclusivement au mandataire général.

La création d'un titre foncier portant sur les terres coutumières, au profit des propriétaires terriens leur confère, de plein droit, la qualité de propriétaires fonciers.

Article 16 : Pour la constitution des réserves foncières de l'Etat nécessaires à la mise en œuvre du plan national de développement économique et social, une rétrocession de dix pour cent (10%) de la superficie des terres ou terrains reconnus est faite à l'Etat par les propriétaires terriens.

L'immatriculation d'office des terres coutumières par l'Etat, conformément aux lois et règlements en vigueur, donne droit à une rétrocession à l'Etat au titre des frais cadastraux et de création du titre foncier au profit des propriétaires terriens de cinq pour cent (5%) de la superficie des terres reconnues.

TITRE III : DU DROIT DE PROPRIETE FONCIERE

Article 17 - La propriété foncière est le droit de jouir et de disposer des espaces de terres ou de terrains, de la manière la plus absolue, pourvu qu'il n'en soit pas fait un usage prohibé par les lois et règlements.

Article 18 - Le droit de propriété foncière est reconnu aux personnes physiques et morales de droit privé.

Ce droit porte exclusivement sur le sol.

La propriété foncière des personnes physiques et morales de droit privé est garantie par l'Etat.

Article 19 - Les coutumes et traditions tendant à supprimer ou à restreindre le droit de la femme, d'occuper ou d'acquérir les terres coutumières, les terres ou terrains en zones urbaine et périurbaine sont réputées nulles et de nul effet.

Article 20 - La propriété du sol couvre :

- Les droits réels y afférents ;
- Les droits résultant du transfert de propriété entre vifs, en cas de succession, d'accession ou d'incorporation et de prescription ;

- La constitution des sûretés réelles.

Article 21 - La propriété foncière s'acquiert et se transmet par l'effet des obligations, par l'effet de la reconnaissance des terres coutumières, par succession, par donation entre vifs ou testamentaire, par accession ou incorporation et par prescription.

L'acquéreur ou son représentant doit, dans les quatre-vingt-dix (90) jours qui suivent l'acquisition, se présenter au cadastre national foncier du lieu de situation de la propriété, qui sert d'état civil et de tiers de confiance, pour requérir l'établissement et la certification des documents cadastraux y afférents, en vue de la mise à jour de l'état de section et du registre descriptif, de la matrice cadastrale, du plan cadastral du lieu de situation de la propriété, du registre national de la propriété foncière.

L'inobservation du délai de quatre-vingt-dix (90) jours, fixé ci-dessus, est sanctionnée par une amende de cent mille (100.000) francs CFA payable par l'acquéreur de la propriété au profit de l'Etat.

Article 22 - L'antériorité de l'occupation ou de l'acquisition des terres ou terrains n'est opposable aux tiers que lorsque les données cadastrales de la propriété foncière en cause, correspondent avec exactitude aux stipulations du certificat de géo-référencement initial, à l'authenticité des documents graphiques et littéraux établis, à cet effet, par l'administration du cadastre, aux résultats de l'enquête parcellaire de traçabilité et à l'acte translatif de propriété, dûment établi par le propriétaire originel.

Article 23 - Nul ne peut être privé de sa propriété foncière que pour cause d'utilité publique, moyennant une juste et préalable indemnité, conformément à la procédure prévue par la loi en vigueur.

Article 24 - La propriété foncière régulièrement acquise est soumise aux formalités d'immatriculation obligatoire et de mise à jour, conformément à la procédure prévue par la loi en vigueur.

L'immatriculation consiste à établir un titre foncier et à l'inscrire dans le registre de la propriété foncière.

Article 25 - Un guichet unique foncier facilite, à cet effet, l'accomplissement des formalités de création, de délivrance des titres fonciers et de mise à jour des propriétés.

Article 26 - Un décret, pris en conseil des ministres, fixe la composition, les attributions et le fonctionnement du guichet unique foncier.

Article 27 - Nul ne peut porter la qualité de membre d'une association des propriétaires terriens, des occupants fonciers précaires ou des propriétaires fonciers s'il ne dispose des terres ou terrains reconnus par l'Etat ou des terres ou terrains régulièrement immatriculés.

La qualité de membre de l'association s'éteint après épuisement de son patrimoine foncier.

TITRE IV : DE L'OCCUPATION ILLEGALE ET PRECAIRE DES TERRES ET TERRAINS

Article 28 - Quiconque met en valeur des terres ou terrains ou une dépendance du domaine de l'Etat aux fins d'une jouissance privative ou accapare des terres ou terrains appartenant à autrui, dispose d'un patrimoine foncier sans titre de propriété définitif, le met en valeur en violation du schéma national ou départemental d'aménagement du territoire, du schéma directeur d'urbanisme, du plan directeur d'urbanisme, des plans d'occupation du sol, des plans d'affectation des terres, établis par l'Etat est un occupant foncier illégal.

Article 29 - Tout titre de propriété autre que le titre foncier est un titre précaire.

Sont considérés comme titres précaires de propriété :
- le permis d'occuper ;
- le contrat de cession ;
- l'arrêté de reconnaissance des terres coutumières ou tout autre document susceptible de rapporter le caractère précaire de l'occupation d'une propriété foncière.

Article 30 - Toute personne qui occupe des terres ou terrains sans titre foncier est un occupant foncier précaire.

Article 31 - A la suite d'une possession continue, réelle, paisible, publique et non équivoque, l'occupant foncier précaire peut, au bout de trente (30) ans, acquérir le droit de propriété des terres et terrains occupés dans les strictes limites des aménagements fonciers réalisés.

Article 32 - L'Etat peut, pour réaliser des projets économiques d'intérêt général et pour un objet bien précis, autoriser l'occupation en jouissance d'une dépendance de son domaine foncier à titre provisoire.

Cette autorisation provisoire est insusceptible d'être convertie, par quelque moyen que ce soit, en droit de propriété.

Article 33 - Les titres précaires ne justifiant d'aucun lien cadastral direct avec la propriété foncière sont nuls et de nul effet, à l'issue d'une enquête sanctionnée par un procès-verbal de traçabilité foncière, dressé par l'administration du cadastre national foncier.

Ce procès-verbal qui établit également l'occupation illégale de la propriété foncière vaut titre de déguerpissement des terres ou terrains occupés illégalement.

En ce cas, l'occupant illégal fait l'objet d'un déguerpissement, en la forme administrative, après une mise en demeure de quarante-cinq (45) jours restée infructueuse.

Article 34 - Toute personne réputée occupant illégal des terres ou terrains appartenant à autrui ne peut procéder ni à leur cession, ni à leur mutation.

Toute cession ou toute mutation réalisée au mépris des dispositions de l'alinéa premier ci-dessus est nulle et de nul effet.

Article 35 - L'occupation des terres du domaine rural à des fins d'exploitation agricole de subsistance et d'autoconsommation n'est assujettie à aucune autorisation préalable, pourvu qu'elle n'empiète pas sur les droits de l'Etat ou d'autrui.

L'occupant foncier précaire, après avoir prouvé son droit de propriété sur les terres et terrains occupés sans titre foncier, est astreint à l'immatriculation obligatoire de son bien fonds, dans les délais prescrits par les lois et règlements en vigueur, et ensuite assujetti à l'impôt foncier.

Article 36 - A défaut de preuve du droit de propriété sur les terres et terrains occupés sans titre foncier, l'occupant foncier précaire fait l'objet d'un déguerpissement, conformément à la procédure de l'article 33 de la présente loi.

TITRE V : DE L'OCCUPATION ET DE L'ACQUISITION DES TERRES DU DOMAINE RURAL,

DES TERRES ET TERRAINS EN ZONES URBAINE ET PERIURBAINE

Article 37 - L'occupation et l'acquisition des terres du domaine rural est réservée aux personnes physiques et morales de nationalité congolaise.

Article 38 - L'Etat, les collectivités locales, les établissements publics, les personnes physiques ou morales de nationalité congolaise peuvent occuper et acquérir des terres coutumières préalablement reconnues par l'Etat.

Article 39 - Toute personne étrangère régulièrement établie sur le territoire national désirant investir au Congo bénéficie des modalités d'occupation des terres du domaine public et d'attribution des terres du domaine privé de l'Etat prévues par les lois et règlements en vigueur.

Elle ne peut cependant bénéficier des modalités d'occupation ou d'attribution des espaces de terres situés dans les zones frontalières.

Article 40 - Toute acquisition des terres du domaine rural par toute personne étrangère régulièrement établie au Congo est nulle et de nul effet.

La nullité est prononcée, à la requête du ministre en charge des affaires foncières ou de son représentant, par le tribunal de grande instance territorialement compétent.

Article 41 - Les personnes étrangères régulièrement établies au Congo peuvent acquérir, en cas de réciprocité établie, des terres et terrains en zones urbaine et périurbaine, à l'exception de celles venant des pays qui interdisent aux ressortissants congolais l'acquisition des terres et terrains sur leur territoire.

TITRE VI : DE L'INTERDICTION D'OCCUPER OU D'ACQUERIR DES TERRES DU DOMAINE RURAL, DES TERRES OU TERRAINS EN ZONES URBAINE ET PERIURBAINE DECLARES NON CONSTRUCTIBLES

Article 42 - Sont interdits d'occupation ou d'acquisition, les terres du domaine rural, les terres ou terrains en zones urbaine ou périurbaine déclarés non constructibles, définis ainsi qu'il suit :

- les montagnes sablonneuses, les zones sablonneuses dont la pente est supérieure à 5%, les versants des montagnes sablonneuses, les aires protégées ;
- les emprises de l'océan, des fleuves, des rivières, des lacs, des autoroutes, des routes nationales et départementales, des avenues et des rues, des chemins de fer, des lignes de transport électrique à haute et moyenne tension, des aéroports, des pipelines, des réserves foncières de l'Etat, des espaces publics urbains, des forêts naturelles et artificielles domaniales, des terres à vocation forestière, des barrages hydroélectriques, des centrales électriques, du domaine public de monument, du domaine public de défense nationale, des unités industrielles, des établissements publics scolaires et universitaires, des structures publiques de santé, des zones économiques spéciales, des exploitations

pétrolières on shore et minières, des zones urbaines et périurbaines agropastorales et aquacoles ou à vocation agropastorale et aquacole ;
- les zones frontalières, marécageuses, d'érosions, d'éboulement, d'affaissement, d'inondation, de sable mouvant, de carrière de pierre et de sable.

Les zones non constructibles ci-dessus définies sont la propriété exclusive de l'Etat.

Toutefois, l'Etat peut réaliser ou autoriser la réalisation, conformément à l'avis de la commission technique d'urbanisme, des aménagements publics ou des mises en valeur privées sur les terres du domaine rural, les terres ou terrains en zones urbaine ou périurbaine déclarés non constructibles.

En ce cas, une étude d'impact environnemental et social est prescrite préalablement à la réalisation de tout projet de développement industriel susceptible de nuire à la conservation du sol et du sous-sol.

TITRE VII : DES SANCTIONS PENALES, CIVILES ET ADMINISTRATIVES

Article 43 - Sans préjudice des sanctions civiles prévues par la présente loi, est passible d'un emprisonnement de six (6) mois à cinq (5) ans et d'une amende de cinq cent mille (500.000) à cinq millions (5.000.000) de francs CFA, quiconque aura cédé, occupé ou acquis sans autorisation de l'Etat, les terres du domaine rural, les terres ou terrains en zones urbaine ou périurbaine déclarés non constructibles ainsi que ses complices.

Les infractions visées ci-dessus sont poursuivies sur dénonciation écrite du ministre en charge des affaires foncières, à la requête du ministre en charge de la justice.

Article 44 - Quiconque occupe illégalement des terres ou terrains appartenant à autrui ou procède à leur vente est puni d'un emprisonnement d'un (1) an au moins à cinq (5) ans au plus et d'une amende de cinq cent mille (500.000) à trois millions (3.000.000) de francs CFA ainsi que ses complices.

Article 45 - Quiconque vend à plusieurs personnes la même terre ou le même terrain est puni d'un emprisonnement d'un (1) an au moins à cinq (5) ans au plus et d'une amende d'un million (1.000.000) à cinq millions (5.000.000) de francs CFA ainsi que ses complices.

A la demande de la victime, la réparation civile résultant de la superposition des ventes est prononcée par la juridiction répressive.

Article 46 - Les mises en valeur réalisées par les occupants ou les acquéreurs illégaux sur les terres du domaine rural ainsi que sur les terres ou terrains en zones urbaine ou périurbaine déclarés non constructibles sont démolies sur décision de justice aux frais de ceux-ci, à la requête du ministre en charge des affaires foncières ou de son représentant.

Article 47 - Les titres fonciers issus des occupations ou des acquisitions illégales portant sur les terres du domaine rural ainsi que sur les terres ou terrains en zones urbaine ou périurbaine déclarés non constructibles, délivrés aux personnes physiques ou morales, postérieurement à la date d'entrée en vigueur de la présente loi, sont nuls et de nul effet.

Avant le prononcé de la nullité, les titres fonciers y afférents sont inopposables à l'Etat et aux tiers.

La nullité est prononcée à la requête du ministre en charge des affaires foncières ou de son représentant.

Article 48 - L'occupation ou l'acquisition des terres du domaine rural, des terres ou terrains en zones urbaine ou périurbaine déclarés non constructibles définis à l'article 42 de la présente loi est réputée illégale, nulle et de nul effet, sous réserve des dispositions de ses alinéas 3 et 4.

L'occupant ou l'acquéreur illégal est soumis à la procédure de déguerpissement prévue à l'article 33 de la présente loi.

TITRE VIII : DISPOSITIONS TRANSITOIRES ET FINALES

Article 49 - Les droits de propriété sur les terres du domaine rural acquis antérieurement à la présente loi par toute personne visée à l'article 39 de la présente loi sont maintenus, à condition, pour cette personne, de réaliser sur ces terres dans un délai d'un (1) an, à compter de la date d'entrée en vigueur de la présente loi, des activités de développement économique et de payer l'impôt foncier correspondant.

Article 50 - Les droits de propriété sur les terres ou terrains en zones urbaine et périurbaine acquis par les personnes visées à l'article 41 ci-dessus, antérieurement à la présente loi, sont maintenus, à condition, pour ces personnes de payer l'impôt foncier correspondant.

Article 51 - Toute personne étrangère régulièrement établie au Congo, maintenue dans son droit de propriété sur les terres du domaine rural et sur les terres ou terrains en zones urbaine ou périurbaine, qui ne satisfait pas aux conditions prévues aux articles 49 et 50 ci-dessus, doit déclarer sans délai, sa carence auprès de l'administration foncière du lieu de situation des terres ou terrains concernés.

Un procès-verbal de carence est établi à cet effet par les services de l'administration habilitée.

Article 52 - L'inexécution des activités de développement économique ainsi que le défaut de paiement de l'impôt foncier prévus aux articles 49 et 50 de la présente loi, lorsque toutes les procédures de redressement et de recouvrement demeurent infructueuses, donnent lieu à la saisie des immeubles en cause et à leur vente, à la diligence du ministre en charge des affaires foncières et du ministre en charge des finances.

En ce cas, l'Etat récupère les impayés de l'impôt foncier ainsi que les gains de toute nature sur le produit de la vente.

Article 53 - Les ressources naturelles du sol et du sous-sol contenues dans les terres coutumières et dans les terres et terrains en zones urbaine et périurbaine, demeurent la propriété exclusive de l'Etat.

Article 54 - La présente loi, qui abroge toutes dispositions antérieures contraires, sera publiée au Journal Officiel et exécutée comme loi de l'Etat.

Fait à Brazzaville, le 13 juin 2018

Par le Président de la République,

Denis SASSOU-N'GUESSO

Le Premier ministre, Chef du Gouvernement,

Clément MOUAMBA

Le ministre des affaires foncières et du domaine public, chargé des relations avec le parlement,

Pierre MABIALA

Le ministre de l'intérieur et de la décentralisation,

Raymond Zéphirin MBOULOU

Le ministre des affaires étrangères, de la coopération et des congolais de l'étranger,

Jean Claude GAKOSSO

Le ministre de l'aménagement, de l'équipement du territoire, des grands travaux,

Jean-Jacques BOUYA

Le ministre des finances et du budget,

Calixte NGANONGO

Le ministre de la construction, de l'urbanisme et de l'habitat,

Josué Rodrigue NGOUONIMBA

Le ministre de la justice et des droits humains et de la promotion des peuples autochtones,

Aimé Ange Wilfrid BININGA

La ministre du tourisme et de l'environnement,

Arlette SOUDAN NONAULT

2. Notes sur la loi n°21-2018 du 13 juin 2018 fixant les règles d'occupation et d'acquisition des terres et terrains :

La République du Congo, depuis 2004, a initié une réforme foncière. Malgré la mise en œuvre de cette réforme, un vide juridique a été constaté jusqu'au 12 juin

2018 quant aux règles d'occupation et d'acquisition des terres et terrains.

Pour combler le vide juridique observé, il a été promulgué le 13 juin 2018, la loi n°21-2018 fixant les règles d'occupation et d'acquisition des terres et terrains

Avec 8 titres et 54 dispositions, la loi du 13 juin 2018 est devenue aujourd'hui un texte de référence du droit foncier congolais.

Cette loi, on doit le souligner, opère désormais une classification tripartite plus claire des terres et terrains qui distingue : les terres du domaine rural de l'Etat, les terres coutumières, les terres et terrains urbains et les terres et terrains périurbains[2].

Les terres du domaine rural sont immatriculées au nom de l'Etat qui en assure l'utilisation et la mise en valeur[3]. Cette mise en valeur consiste en l'exécution des projets d'intérêt général.

En outre, le législateur a instauré, pour ce qui concerne les terres coutumières, l'obligation pour leurs détenteurs de rapporter la preuve de la détention de ces terres par un arrêté ministériel de reconnaissance.[4]

Concrètement, la procédure de reconnaissance des terres coutumières par l'Etat constitue un préalable à la jouissance de ces terres. La procédure de reconnaissance des terres coutumières fait intervenir la commission nationale de reconnaissance des terres coutumières, présidée par le ministre en charge des Affaires foncières, dont les attributions, la composition et le fonctionnement sont fixés par le décret n°2018-484[5]. Cette commission

---
[2] Art. 3-5 de la loi n°21-2018 du 13 juin 2018.
[3] Art. 6 de la loi n°21-2018 du 13 juin 2018.
[4] Art. 7 de la loi n°21-2018 du 13 juin 2018.
[5] Décret n°2018-484[5] du 26 décembre 2018.

établit le procès-verbal, tandis que le ministre des Affaires foncières prononce par arrêté la reconnaissance des terres coutumières.[6]

La loi sur l'occupation et l'acquisition des terres et terrains instaure un nouveau mécanisme de reconnaissance des terres coutumières. Ici, l'innovation consiste essentiellement en ce que les détenteurs des terres coutumières deviennent des propriétaires terriens, de plein droit, dès que celles-ci sont reconnues par l'Etat[7] au moyen de l'arrêté de reconnaissance des terres coutumières.

En cas d'échec de la procédure de reconnaissance des terres coutumières du fait de la superposition des droits fonciers coutumiers, les prétendus détenteurs de ces terres règlent leur litige devant le tribunal de grande instance compétent saisi par l'une des parties. Il faut, alors, attendre une décision définitive de justice pour reprendre la procédure de reconnaissance des terres coutumières.[8]

Il est désormais interdit, avant toute opération de reconnaissance et d'immatriculation par l'Etat, de lotir, de céder à titre onéreux (vente) ou gratuit (donation entre vifs) et d'acquérir par prescription des terres coutumières.[9]

---

[6] Art. 8 de la loi n°21-2018 du 13 juin 2018.
[7] Article 10 de la loi n°21-2018 du 13 juin 2018.
Cette disposition (art.10), de même que l'article 8, a été attaquée en ce qu'elle porterait atteinte à la garantie constitutionnelle des droits de propriété (article 23 de la constitution du 25 octobre 2015). Une telle analyse n'a pas été partagée par la cour constitutionnelle qui a estimé que cette disposition est bel et bien conforme à l'article 23 de la constitution du 25 octobre 2015 qui autorise le législateur à fixer les règles relatives au régime de la propriété, comme l'indique l'article 125 de la constitution (Décision N°005/DCC/SVA/19 DU 6 JUIN 2019) ;
[8] Art.11 de la loi n°21-2018 du 13 juin 2018.
[9] Art. 12 de la loi n°21-2018 du 13 juin 2018.

La loi rend, donc, obligatoire l'immatriculation des terres coutumières à l'issue de leur reconnaissance par l'Etat.[10]

Il s'agit là encore d'une avancée notable dans la gestion du foncier congolais, car les terres et terrains ne feront plus l'objet de transactions s'ils n'ont pas été circonscrits par l'Etat.[11]

C'est dans ces conditions que les terres coutumières reconnues par l'Etat constituent désormais une propriété foncière indivise.[12]

De ce fait, tous les actes de gestion de ces terres indivises seront réalisés par un mandataire général, représentant légal de la famille, désigné par le conseil de famille sur procès-verbal. Ce procès-verbal est homologué par le tribunal de grande instance du ressort des terres coutumières, à la requête collective des indivisaires dans un délai de quinze jours, à compter de la date de désignation du mandataire général.

Par conséquent, est nul et de nul effet, tout acte de gestion des terres coutumières réalisé par un indivisaire en violation des attributions du mandataire général.[13] Et, l'immatriculation des terres coutumières reconnues par l'Etat ne peut être requise que par le mandataire général.[14] Cette solution participe de la mise en ordre de la gestion des terres coutumières familiales pour arrêter net les pratiques rétrogrades qui consistaient à réaliser des ventes

---

[10] Art. 13 de la loi n°21-2018 du 13 juin 2018.
[11] La Cour constitutionnelle dans sa DECISION N°003/DCC/SVA/18 DU 3 OCTOBRE 2018 estime que ces restrictions ne portent nullement atteinte au droit de propriété tel que protégé par l'article 23 alinéa premier de la Constitution du 25 octobre 2015).
[12] Art. 14 al. 1 de la loi n°21-2018 du 13 juin 2018.
[13] Art. 14 al. 2-3 de la loi n°21-2018 du 13 juin 2018.
[14] Art. 15, al. 1 et 2, de la loi n°21-2018 du 13 juin 2018.

des mêmes terres à plusieurs personnes par n'importe quel membre de la famille.

Avec la création d'un titre foncier portant sur les terres coutumières, les propriétaires terriens, peuvent, désormais, jouir, de plein droit, de la qualité de propriétaires fonciers.[15]

Une autre innovation de la loi fixant les règles d'occupation et d'acquisition des terres et terrains est d'avoir apporté une solution définitive au problème des ventes multiples d'une même tenure foncière à plusieurs personnes. Ce qui permet de mettre un terme au phénomène de superposition des ventes et des titres qui constituait l'une des principales causes de l'insécurité foncière.

Dès lors, les terres coutumières ne peuvent être attribuées aux indivisaires ou cédées aux acquéreurs que par la technique du morcellement du titre foncier ; chaque morcellement donnant lieu à la création d'un nouveau titre foncier sur la superficie morcelée.

Le morcellement continuel des terres indivises, sous le contrôle du mandataire général et le suivi des services techniques du cadastre et de la conservation foncière, respectivement en charge de la mise à jour de la matrice cadastrale et du registre de la propriété foncière sont le gage de l'extinction définitive des conflits fonciers.

Dans le cadre de sa mission régalienne de développement économique et social du pays, l'Etat ne peut souffrir de carence en ressource foncière prête à l'emploi. C'est pourquoi, il a l'obligation légale de constituer des réserves foncières.

---

[15] Art. 15 de la loi n°21-2018 du 13 juin 2018.

Dans ce sens, la loi du 13 juin 2018 en son article 16 alinéa premier prévoit qu'une rétrocession de dix pour cent (10%) de la superficie des terres coutumières reconnues soit faite à l'Etat par les propriétaires terriens pour constituer les réserves foncières domaniales, nécessaires au développement du pays.

En outre, tenant compte de ce que les propriétaires terriens ont souvent du mal à immatriculer volontairement leurs terres coutumières, arguant un défaut de ressources financières, une rétrocession est faite à l'Etat au titre des frais cadastraux et de création des titres fonciers à leur profit, de cinq pour cent (5%) de la superficie totale de leurs terres coutumières reconnues. Ici, en réalité, c'est le procédé du paiement en nature qui a été mis en exergue par le législateur.

Ces deux rétrocessions évoquées constituent des innovations importantes parce qu'elles permettent à l'Etat, d'une part, de se constituer un patrimoine foncier sans systématiquement recourir à la procédure d'expropriation souvent onéreuse et facteur d'enlisement des projets d'intérêt général dans leur réalisation et, d'autre part, de constituer assurément l'assiette fiscale foncière en vue d'engranger les recettes d'origine foncière, nécessaires à l'économie nationale.

On voit bien que cette disposition à caractère fiscal prévoyait, dans son intelligibilité, un impôt foncier en nature pour permettre la réalisation du titre émis par le fisc pour cause de non paiement de l'impôt foncier en numéraire. Cependant, la Cour Constitutionnelle l'a retoquée, sur saisine d'un citoyen qui s'est fondé à tort, sur la non-conformité de cette disposition à l'article 23 alinéa premier de la Constitution, confondant ainsi la procédure de l'expropriation à l'impôt foncier payable en nature, lorsque le payement en numéraire tourne en contentieux ou lorsque celui-ci requiert la volonté du mandataire général quant au choix de ce mode de payement.

L'article 16 alinéa premier de la loi n°21-2018 du 13 juin 2018 bien que retoqué et donc interdit d'application, demeure dans son principe toujours inscrit dans la loi de finances de chaque exercice annuel en tant qu'impôt foncier payable en nature.

L'impôt foncier payable en nature ne saurait être supprimé de l'aréopage économique congolais, en ce qu'il permet l'ouverture de la procédure fiscale de compensation ou de recouvrement forcé prévue par le code général des impôts.

En tout état de cause, la disposition de l'article 16 de la loi n°21-2018 du 13 juin 2018 fixant les règles d'occupation et d'acquisition des terres et terrains demeure bel et bien en vigueur et applicable du chef de son alinéa 2 qui n'a pas subi la censure de la Cour constitutionnelle.

La cour constitutionnelle dans sa Décision n°003/DCC/SVA/18 du 3 octobre 2018, 22e considérant, a estimé que la garantie constitutionnelle du droit de propriété énoncée à l'article 23 de la constitution du 25 octobre 2015 n'est pas incompatible avec le régime de l'immatriculation. Bien au contraire, elle concourt à la réalisation de cette prescription constitutionnelle. Pour la Cour, « ... *l'immatriculation obligatoire des propriétés foncières reconnues, prévue à l'article 15 de la loi n°21-2018 du 13 juin 2018 fixant les règles d'occupation et d'acquisition des terres et terrains, est justifiée tant au regard de l'article 23 précité que du 14ème tiret de l'article 125 alinéa 2 de la Constitution qui investit le législateur du pouvoir de déterminer le régime de la propriété ; qu'ainsi, à défaut d'immatriculation volontaire par tout détenteur des terres coutumières, l'Etat est fondé à y procéder, ce, dans l'intérêt de la garantie du droit de propriété ;*

Considérant que l'immatriculation d'office expose l'Etat à divers frais dont il est en droit de prétendre à la contrepartie ;

Considérant qu'à cette fin, le législateur a, souverainement, opté pour une compensation en nature de cinq pour cent (5%) de la superficie des terres reconnues qui ne saurait être regardée comme une expropriation déguisée ; que l'alinéa 2 critiqué de l'article 16 institue, en effet, un mécanisme juridique autonome qui tient compte du caractère obligatoire de l'immatriculation, aspect fondamental de la garantie constitutionnelle de la propriété, de la spécificité et de la superficie des terres en cause et du pouvoir économique de leurs détenteurs ;

Considérant qu'il suit de tout ce qui précède que l'alinéa 2 critiqué de l'article 16 n'est pas contraire à l'article 23 de la Constitution.

Ce n'est donc pas toute la disposition de l'article 16 qui a été retoquée, moins encore toute la loi n°21-2018 du 13 juin 2018 fixant les règles d'occupation et d'acquisition des terres et terrains qui demeure applicable dans son entièreté.

Une analyse attentive de la loi du 13 juin 2018 permet de se rendre compte qu'elle consacre tout un titre, libellé *"Du droit de propriété foncière"* (titre III), qui précise et clarifie la notion du droit de propriété foncière en République du Congo. Mais qu'est-ce qu'il faut entendre par propriété foncière ?

La propriété foncière en droit congolais consiste pour son titulaire à jouir et à disposer des espaces des terres ou des terrains, de la manière la plus absolue, pourvu qu'il n'en soit pas fait un usage prohibé par les lois et règlements[16].

---

[16] Art. 17 de la loi n°21-2018 du 13 juin 2018.

La loi du 13 juin 2018 indique en outre que sont reconnues titulaires du droit de propriété foncière les personnes physiques et les personnes morales de droit privé.[17] Toutefois, ce droit, conformément au deuxième alinéa de l'article 18 de la loi du 13 juin 2018, ne porte exclusivement que sur le sol. Il est à noter que la propriété du sol couvre, les droits réels immobiliers, les droits résultant du transfert de propriété entre vifs, en cas de succession, d'accession ou d'incorporation, de prescription et de constitution des sûretés réelles.[18] Au contraire, les ressources naturelles du sol et du sous-sol sont la propriété exclusive de l'Etat[19].

Jadis controversé, sinon interdit, l'accès de la femme à la propriété foncière est, avec la nouvelle loi, désormais consolidé.[20] En effet, les coutumes et traditions tendant à supprimer ou à restreindre le droit de la femme, d'occuper ou d'acquérir les terres coutumières, les terres ou terrains en zones urbaine et périurbaine sont dorénavant réputées nulles et de nul effet. La femme, au même titre que l'homme[21], a de ce fait le droit d'occuper ou d'acquérir la propriété foncière sans une quelconque restriction, légale, réglementaire ou coutumière.

La loi du 13 juin 2018 indique en son article 21 al. 1er que la propriété foncière s'acquiert outre par la prescription acquisitive de trente (30) ans[22], par l'effet des obligations,

---

[17] Art. 18 de la loi n°21-2018 du 13 juin 2018.
[18] Art. 20 de la loi n°21-2018 du 13 juin 2018.
[19] Art. 53 de la loi n°21-2018 du 13 juin 2018.
[20] Art. 19 de la loi n°21-2018 du 13 juin 2018.
[21] Art. 17 : la femme a les mêmes droits que l'homme… (constitution du 25 octobre 2015)
[22] Cf. l'Arrêté n°3903/MAFDPRP/CAB du 4 mars 2019 fixant les modalités de constatation de la possession continue, réelle, paisible, publique et non équivoque des terres et terrains au bout de trente (30) ans

notamment par la vente (contrat de cession à titre onéreux), par la voie successorale[23], par donation entre vifs ou testamentaire,[24] par accession[25] ou incorporation[26] et par une forme originale : la reconnaissance des terres coutumières.

Une autre innovation non moins importante de la nouvelle loi consiste à faire qu'après l'acquisition de la propriété, l'acquéreur ou son représentant est tenu de se présenter, dans les quatre-vingt-dix (90) jours qui suivent son acquisition, au service du cadastre du lieu de situation de la propriété pour requérir l'établissement et la certification des documents cadastraux y afférents, notamment l'acte de vente officiel, le procès-verbal de l'enquête parcellaire de traçabilité, à son profit, afin de permettre aux services du cadastre de procéder à la mise à jour de l'état de section, du registre descriptif, de la matrice cadastrale, du plan cadastral du lieu de situation de la propriété et du registre national de la propriété foncière.

L'inobservation du délai de quatre-vingt-dix (90) jours requis pour la déclaration de la propriété foncière auprès des services du cadastre de son lieu de situation, contrairement à la législation antérieure, est sanctionnée par une amende de cent mille (100.000) francs CFA payable par l'acquéreur au profit du trésor public.[27] Cette

---

[23] Il s'agit de la succession légale qui concerne le conjoint survivant, les enfants descendants, les ascendants et les parents collatéraux (art. 462 du code de la famille)
[24] La donation entre vifs fait référence à une donation entre personnes vivantes, alors que la donation testamentaire ne produit des effets qu'à compter du décès du testateur, il s'agit donc d'un legs;
[25] L'accession est un mode d'acquisition qui permet la réunion de l'accessoire au principal.
[26] On distingue l'incorporation immobilière naturelle et l'incorporation immobilière artificielle.
[27] Art. 21 al. 3. de la loi n°21-2018 du 13 juin 2018.

amende est instaurée pour contraindre les acquéreurs des propriétés immobilières à l'observation de la régularité, de la validité, de l'immatriculation de leur propriété et de la mise à jour des documents cadastraux pour une bonne traçabilité de la gestion foncière nationale.

Aux termes de la loi, l'ensemble des opérations techniques cadastrales ont un caractère obligatoire du fait que les données cadastrales doivent être renouvelées chaque année au rythme des mutations ou des transferts des propriétés immobilières et de leur immatriculation. C'est donc pour cette raison que le deuxième alinéa de l'article 21 de cette loi, consacre le statut d'état civil du cadastre national foncier et de ses attributs de tiers de confiance à l'égard des usagers du foncier. La loi instaure, de ce fait, l'obligation de déclaration auprès des services du cadastre national, de la propriété foncière nouvellement acquise.

La nouvelle loi innove aussi à l'article 22, en consacrant le principe de l'antériorité de l'occupation ou de l'acquisition des terres ou terrains. Désormais, sur la base de ce principe, le contentieux foncier connaît un règlement plus aisé pour la simple raison que les juridictions sont appelées à ne plus juger sur de simples allégations des plaideurs en règlement de propriété. Saisie à propos de l'article 22 de la loi du 13 juin 2018 dans le cadre d'un recours en inconstitutionnalité, la Cour constitutionnelle congolaise a considéré, à juste tire, que le principe de l'antériorité édicté par l'article 22 n'est nullement contraire à la Constitution. Cette disposition s'inscrit dans le cadre de la garantie constitutionnelle de la propriété (article 23 de la Constitution du 25 octobre 2015)[28].

Dorénavant, une partie au procès en règlement de propriété qui allègue le principe de l'antériorité de

---

[28] Décision n°005/DCC/SVA/19 du 6 juin 2019)

l'occupation ou de l'acquisition doit rapporter la preuve que les données cadastrales de sa propriété foncière correspondent avec exactitude aux stipulations du certificat de géo-référencement initial, à l'authenticité des données graphiques et littérales établies par le cadastre, aux résultats de l'enquête parcellaire de traçabilité et à l'acte translatif de propriété, dûment établi par le propriétaire originel.

Le certificat de géo-référencement initial[29] est un acte administratif par lequel l'administration du cadastre national foncier mentionne toutes les informations relatives aux terres ou terrains, notamment :

- l'identité de l'occupant ;
- les références cadastrales ;
- les références municipales ;
- les coordonnées géographiques ;
- la minute des terres ou terrains.

Le certificat de géo-référencement initial est signé au lieu et à la date de sa délivrance par le directeur général des affaires foncières, du cadastre et de la topographie ou par délégation, par le directeur départemental du lieu de situation de la propriété concernée, et contresigné par le directeur départemental du domaine de l'Etat, par l'acquéreur de la propriété ainsi que par le cessionnaire ou le mandataire général.

En clair, pour juger de l'antériorité de l'occupation ou de l'acquisition d'une propriété foncière, les juridictions se conformeront désormais aux stipulations de la technique de géo-référencement. Celles-ci leur permettront de

---

[29] Cf. l'Arrêté n°7696/MAFDPRP/CAB du 11 septembre 2018 fixant les stipulations du certificat de géo-référencement initial.

mener, sans risque de se tromper les investigations judiciaires.

Le cadastre national foncier est, quant à lui, placé au centre de la solution technique au litige foncier, car l'antériorité de l'occupation et de l'acquisition des terres et terrains était devenue un refuge d'antivaleurs faisant de certains plaideurs des falsificateurs des actes de vente de propriété qu'ils antidataient à souhait et impunément pour gagner un procès.

L'article 25 de la loi du 13 juin 2018, pour sa part, réaffirme la création d'un guichet unique foncier pour faciliter l'accomplissement des formalités de création, de délivrance des titres fonciers et de mise à jour des propriétés, à bref délai et à coûts modérés, presque forfaitaires, inscrits dans la loi de finances de chaque année.

Celui qui n'est pas propriétaire d'une terre ou d'un terrain reconnu ou immatriculé par l'Etat ne peut bénéficier de la qualité de membre d'une association des propriétaires terriens ou fonciers, des occupants fonciers précaires.[30]

L'article 27 de la loi du 13 juin 2018 sert de base légale à la mise en ordre du mouvement associatif dans le secteur du foncier congolais. Cette disposition, contrairement à la législation antérieure, fixe les conditions précises pour appartenir à toute association œuvrant dans le secteur du foncier. A cet égard, elle s'inscrit dans une logique tendant à mettre fin aux mauvaises pratiques portées par des prétendus propriétaires terriens ou fonciers qui, en réalité, n'ont jamais été propriétaires à quelque titre que ce soit. Dans sa décision du 6 juin 2019[31], la Cour constitutionnelle a estimé que la mise en ordre du

---

[30] Art. 27 de la loi n°21-2018 du 13 juin 2018.
[31] Décision n°005/DCC/SVA/19 du 6 juin 2019

mouvement associatif ne viole en rien le principe de la liberté d'association et qu'une telle mise en ordre est conforme aux articles 27 de la Constitution et 29 de la Déclaration universelle des droits de l'Homme.

Dans cette même logique de clarification du statut des acteurs du secteur foncier, la loi institue deux catégories d'occupants des terres et terrains : l'occupant foncier illégal et l'occupant foncier précaire.

L'occupant foncier illégal est celui qui met en valeur des terres ou terrains ou une dépendance du domaine de l'Etat aux fins d'une jouissance privative ou accapare des terres ou terrains appartenant à autrui ; dispose d'un patrimoine foncier sans titre de propriété définitif ; le met en valeur en violation du schéma national ou départemental d'aménagement du territoire, du schéma directeur d'urbanisme, du plan directeur d'urbanisme, des plans d'occupation du sol, des plans d'affectation des terres établis par l'Etat (article 28).

Au sens de la loi, est qualifié d'occupant illégal toute personne qui dispose d'un titre précaire de propriété, mais qui ne justifie d'aucun lien cadastral direct avec la propriété foncière[32]. Sous peine de nullité, tout occupant foncier illégal des terres ou terrains appartenant à autrui ne peut procéder ni à leur cession, ni à leur mutation.

Il est à noter que tout occupant illégal encourt une sanction légale, le déguerpissement en la forme administrative, après une mise en demeure de quarante-cinq (45) jours restée infructueuse.[33]

L'occupant foncier précaire est, pour sa part, toute personne qui occupe des terres ou terrains sans titre foncier (article 30). Il dispose d'un titre de propriété

---

[32] Art. 33 de la loi n°21-2018 du 13 juin 2018.
[33] Art. 33, al. 3, de la loi n°21-2018 du 13 juin 2018.

précaire (permis d'occuper, contrat de cession, arrêté de reconnaissance des terres coutumières, attestation de vente…)[34]. La classification bipartite des occupants des terres et terrains a eu les faveurs du juge constitutionnel congolais. Contrairement aux allégations selon lesquelles une telle classification était contraire à la constitution, la Cour constitutionnelle a reconnu qu'elle est conforme à l'article 125 alinéa 2 de la loi fondamentale, en ses 14ème et 18ème tirets[35].

Pour sortir de l'état d'occupant foncier précaire, toute personne dans cette situation est appelée, dans les délais prescrits par la loi, à immatriculer obligatoirement sa propriété. Dès lors, il est assujetti à l'impôt foncier[36].

A défaut de preuve de son droit de propriété, l'occupant foncier précaire fait l'objet, comme l'occupant foncier illégal, d'un déguerpissement en la forme administrative[37].

Les nouvelles règles applicables aux occupants des terres et terrains sont une avancée notable en ce qu'elles répriment sévèrement, à travers la sanction de déguerpissement, tous ceux qui accaparent les terres ou terrains d'autrui et de l'Etat ou s'y installent.

Si des formalités particulières sont exigées pour l'occupation des terres et des terrains de façon générale, au contraire l'occupation des terres du domaine rural à des fins d'exploitation agricole, de subsistance et d'autoconsommation n'est assujettie à aucune autorisation préalable, pourvu que cette occupation n'empiète pas sur les droits de l'Etat ou des tiers[38].

---

[34] Art. 29 de la loi n°21-2018 du 13 juin 2018.
[35] Décision N°003/DCC/SVA/18 du 3 *octobre* 2018.
[36] Art. 30 de la loi n°21-2018 du 13 juin 2018.
[37] Art. 33 et 36 de la loi n°21-2018 du 13 juin 2018.
[38] Art.35 de la loi n°21-2018 du 13 juin 2018.

L'assouplissement des règles d'occupation des terres et terrains, dans le domaine rural par le législateur se justifie par le souci de favoriser les activités agricoles entreprises par les paysans, pourvoyeurs des denrées alimentaires qui dans ces conditions bénéficient du droit de superficie ou d'usage sur les terres du domaine rural occupées provisoirement.

Il convient de noter qu'avec la loi du 13 juin 2018, l'occupation et l'acquisition des terres et terrains du domaine rural sont réservées aux personnes physiques et morales de nationalité congolaise[39]

Lorsqu'il s'agit des terres coutumières préalablement reconnues par l'Etat, les personnes publiques, telles que l'Etat et ses démembrements (les établissements publics et les collectivités locales), de même que les personnes physiques ou morales de nationalité congolaise sont autorisées à les occuper ou à les acquérir.[40]

Il en résulte que l'acquisition des terres du domaine rural et des terres coutumières par les personnes étrangères établies sur le territoire congolais est désormais interdite.[41]

La conséquence de droit est que l'étranger établi au Congo ne peut immatriculer à son profit les terres du domaine rural et les terres coutumières afin d'obtenir un titre foncier établi en son nom. En d'autres termes, aucun titre foncier ne peut être délivré au nom d'un étranger établi au Congo, à cet effet.

La loi sanctionne donc de nullité péremptoire et absolue, toute acquisition des terres du domaine rural ainsi que des terres coutumières par toute personne étrangère établie au Congo.

---

[39] Art. 37 de la loi n°21-2018 du 13 juin 2018.
[40] Art. 38 de la loi n°21-2018 du 13 juin 2018.
[41] Art. 37, 38 et 40, al. 1 de la loi n°21-2018 du 13 juin 2018.

Il revient aux parquetiers de nos juridictions de s'y opposer systématiquement au moyen des conclusions pour ainsi permettre au gouvernement de déclencher la procédure de nullité de l'acquisition des terres du domaine rural et des terres coutumières par un étranger conformément à l'alinéa 2 de l'article 40 de la loi dont s'agit.

Cependant, lorsque les personnes étrangères établies sur le territoire de la République du Congo désirent investir sur les terres du domaine rural ou sur les terres coutumières, celles-ci bénéficient des autorisations expresses d'occuper ces terres par voie réglementaire ou concluent des baux emphytéotiques avec l'Etat propriétaire des terres rurales ou des baux ordinaires avec les particuliers propriétaires des terres coutumières.[42]

Il s'agit là d'une innovation très importante en ce qu'elle permet la stricte protection par la loi des terres rurales et coutumières congolaises contre toute forme d'envahissement, d'accaparement, de thésaurisation et de spéculation foncière susceptibles d'empêcher l'appropriation de ces terres par l'Etat dans son objectif de développement économique et social du pays.

Par ailleurs, les personnes étrangères ne peuvent bénéficier d'aucune autorisation expresse d'occuper ou de bail emphytéotique portant sur les terres situées dans les zones frontalières.[43]

Toutefois, en cas de réciprocité établie, les personnes étrangères établies sur le territoire congolais peuvent acquérir des terres et terrains en zones urbaine et périurbaine. Une telle possibilité n'est pas envisageable pour les étrangers ressortissants des pays interdisant

---

[42] Art. 39 de la loi n°21-2018 du 13 juin 2018.
[43] Art. 39, al. 2 de la loi n°21-2018 du 13 juin 2018.

l'acquisition sur leur territoire des terres et terrains aux Congolais.[44]

Après avoir analysé les nouvelles règles applicables à l'occupation et à l'acquisition des terres et terrains constructibles, on devra s'intéresser à celles concernant les terres et terrains déclarés non constructibles.

Au sens de l'article 42 de la nouvelle loi, les terres du domaine rural, les terres ou terrains en zones urbaine ou périurbaine déclarés non constructibles sont interdits d'occupation ou d'acquisition. Ces zones impropres à la construction sont la propriété exclusive de l'Etat. Ce sont : les montagnes sablonneuses, les zones sablonneuses dont la pente est supérieure à 5%, les versants des montagnes sablonneuses, les aires protégées ; les emprises de l'océan, des fleuves, des rivières, des lacs, des autoroutes, des routes nationales et départementales, des avenues et des rues, des chemins de fer, des lignes de transport électrique à haute et moyenne tension, des aéroports, des pipelines, des réserves foncières de l'Etat, des espaces publics urbains, des forêts naturelles et artificielles domaniales, des terres à vocation forestière, des barrages hydroélectriques, des centrales électriques, du domaine public de monument, du domaine public de défense nationale, des unités industrielles, des établissements publics scolaires et universitaires, des structures publiques de santé, des zones économiques spéciales, des exploitations pétrolières on shore et minières, des zones urbaines et périurbaines agropastorales et aquacoles ou à vocation agropastorale et aquacole ; des zones frontalières, marécageuses, d'érosion, d'éboulement, d'affaissement, d'inondation, de sable mouvant, de carrière de pierre et de sable.

---

[44] Art. 41 de la loi n°21-2018 du 13 juin 2018.

La loi reconnaît, cependant, la possibilité à l'Etat de réaliser ou d'autoriser des aménagements publics ou des mises en valeur privées dans ces zones.

En ce cas, une étude d'impact environnemental et social est prescrite préalablement à la réalisation de tout projet de développement industriel susceptible de nuire à la conservation du sol et du sous-sol.[45]

L'interdiction d'occuper et d'acquérir des terres et terrains dans des zones non constructibles ainsi définies, permet à l'Etat de prévenir les phénomènes naturels, dangereux pour la vie des populations, nés du fait de l'occupation et de l'acquisition anarchiques des terres et terrains.

C'est là une innovation qui apporte une solution définitive en faveur de l'Etat, des citoyens et de leurs biens, en ce qu'elle permettra de mettre un terme aux phénomènes d'érosions, d'inondations, de glissement de terrain et des emprises des lignes de transport électrique à haute et moyenne tensions tant décriés, par exemple.

Texte essentiel du droit foncier congolais, la loi du 13 juin 2018, comporte des dispositions relatives aux sanctions pénales, civiles et administratives (titre VII). Ce titre VII est véritablement une innovation susceptible de renforcer l'efficacité de notre droit foncier.

Pour ce qui concerne les sanctions pénales, l'article 43 de la loi n°21-2018 prévoit que toutes les opérations de cession, d'occupation ou d'acquisition réalisées sans autorisation de l'Etat sur des terres du domaine rural, des terres ou terrains en zones urbaine et périurbaine déclarés non constructibles exposent leurs auteurs et leurs éventuels complices à une peine d'emprisonnement de six

---

[45] Art. 42 de la loi n°21-2018 du 13 juin 2018.

(6) mois à cinq (5) ans et à une amende de 500.000 à 5.000.000 de FCFA.

L'occupation illégale ou la vente des terres ou terrains appartenant à autrui est punie d'une amende de 500.000 à 3.000.000 de FCFA et d'un emprisonnement d'un an au moins à cinq ans au plus. Les sanctions retenues contre les auteurs des infractions décrites sont les mêmes qui s'appliquent à leurs complices.[46]

Par ailleurs, est puni d'un emprisonnement d'un(1) an au moins à cinq(5) ans au plus et d'une amende de 1.000.000 à 5.000.000 de FCFA, toute personne, ainsi que ses complices, qui vend à plusieurs personnes la même terre ou la même parcelle de terrain.[47]

Les victimes de la superposition des ventes peuvent se constituer parties civiles, à l'occasion de l'action publique, et solliciter réparation du préjudice subi.

Quant aux sanctions civiles, on peut relever que l'article 46 de la loi du 13 juin 2018 autorise la démolition des mises en valeur réalisées par les occupants ou les acquéreurs illégaux sur les terres du domaine rural ainsi que sur les terres ou terrains en zones urbaine ou périurbaine déclarées non constructibles. Cette démolition, aux frais des occupants ou acquéreurs illégaux, est tributaire d'une décision de justice rendue à la requête du ministre en charge des affaires foncières ou de son représentant.

On note que, selon l'article 47 de la loi précitée, sont nuls et de nul effet, les titres fonciers issus des occupations ou des acquisitions illégales portant sur les terres du domaine rural et sur les terres ou terrains en zones urbaine ou périurbaine déclarées non constructibles, délivrés aux

---

[46] Art. 44 de la loi n°21-2018 du 13 juin 2018.
[47] Art. 45 de la loi n°21-2018 du 13 juin 2018.

personnes physiques ou morales postérieurement à la date d'entrée en vigueur de cette loi. Avant le prononcé de la nullité, à la requête du ministre en charge des Affaires foncières ou de son représentant, les titres fonciers y afférents sont inopposables à l'Etat et aux tiers.

Quant aux sanctions administratives, l'occupation ou l'acquisition des terres du domaine rural, des terres ou terrains en zones urbaine ou périurbaine déclarés non constructibles est réputée illégale, nulle et de nul effet, exception faite des mises en valeur publiques ou privées autorisées par l'Etat, conformément à l'avis de la commission technique d'urbanisme.

Dans ce cas, l'occupant ou l'acquéreur illégal est soumis à la procédure de déguerpissement en la forme administrative, à défaut d'autorisation exceptionnelle de l'Etat.

Enfin, la loi a prévu dans ses dispositions transitoires et finales des solutions pour prévenir des conflits, en matière immobilière, relatifs aux droits acquis des personnes étrangères établies au Congo, susceptibles de naître du fait de l'application de la loi du 13 juin 2018.

La première solution qu'envisage la nouvelle loi est le maintien des droits de propriété sur les terres du domaine rural acquis antérieurement par une personne étrangère établie au Congo, à condition que cette personne réalise, sur ces terres, des activités de développement économique et paye l'impôt foncier correspondant, dans un délai d'un an à compter de la date d'entrée en vigueur de la loi.[48]

Sont également maintenus, les droits de propriété sur les terres ou terrains en zones urbaine et périurbaine acquis antérieurement par une personne étrangère établie au

---

[48] Art.49 de la loi n°21-2018 du 13 juin 2018.

Congo à condition, pour cette personne, de payer l'impôt foncier correspondant.[49]

Par conséquent, tout étranger établi au Congo, maintenu dans son droit de propriété sur les terres du domaine rural et sur les terres ou terrains en zones urbaine ou périurbaine, qui ne réalise pas les activités de développement économique et social et qui ne paye pas l'impôt foncier doit déclarer sa carence auprès de l'administration du cadastre du lieu de situation des terres ou terrains concernés. Un procès-verbal de carence est établi à cet effet.[50]

Lorsque toutes les procédures de conciliation, de redressement et de recouvrement demeurent infructueuses, comme l'indique l'article 52 de la loi du 13 juin 2018, l'Etat procède à la saisie des immeubles appartenant à la personne étrangère établie au Congo qui n'a daigné exécuter les activités de développement économique et payer l'impôt foncier correspondant, à la diligence du ministre en charge des affaires foncières et du ministre en charge des finances. Dans ces conditions, l'Etat récupère les impayés de l'impôt foncier ainsi que les gains de toute nature sur le produit de la vente.

Se basant sur l'article 23 de la Constitution du 25 octobre 2015, trois requérants ont saisi la Cour constitutionnelle à propos de l'inconstitutionnalité de l'article 52 évoqué ci-dessus, des articles 12, 15, 28 et 43 de la loi n° 21-2018 du 13 juin 2018 fixant les règles d'occupation et d'acquisition des terres et terrains.

La juridiction constitutionnelle congolaise a estimé que les requérants, en alléguant simplement que ces dispositions violent l'article 23 de la Constitution « *ne développent*

---

[49] Art.50 de la loi n°21-2018 du 13 juin 2018.
[50] Art.51 de la loi n°21-2018 du 13 juin 2018.

nullement leur moyen de façon à démontrer en quoi chacune de ces dispositions est contraire à l'article 23 de la Constitution ; qu'en formulant ainsi de façon laconique leur critique, les requérants ont privé la Cour constitutionnelle de tout moyen de contrôle de constitutionnalité desdites dispositions ;

Considérant qu'il n'appartient pas à la Cour constitutionnelle de suppléer la carence des requérants ; qu'il s'ensuit que les moyens visant les articles 12, 15, 28, 34, 36, 43 et 52, cités supra, encourent rejet ; »[51]

A travers cette loi, le Congo parvient à réguler sa gouvernance foncière et domaniale grâce à laquelle les terres et terrains ne seront mobilisés, occupés ou attribués que pour leur bon usage économique et social.

II TEXTES D'APPLICATION DE LA LOI N° 21-2018 DU 13 JUIN 2018 FIXANT LES REGLES D'OCCUPATION ET D'ACQUISITION DES TERRES ET TERRAINS

Ces textes d'application sont constitués d'un décret, d'arrêtés et d'autres actes officiels.

1. Décret n°2018-484 du 26 décembre 2018 fixant les attributions, la composition et le fonctionnement de la commission nationale de reconnaissance des terres coutumières

Ce décret détermine en application de l'article 9 de la loi n° 21-2018 du 13 juin 2018 fixant les règles d'occupation et d'acquisition des terres et terrains, les attributions, la composition et le fonctionnement de la commission nationale de reconnaissance des terres coutumières. Il abroge le *Décret n° 2006-255 du 28 juin 2006* portant

---

[51] Voir Décision n°005/DCC/SVA/19 DU 6 JUIN 2019.

institution, composition et fonctionnement d'un organe ad hoc de reconnaissance des droits fonciers coutumiers et le *Décret n° 2006-256 du 28 juin 2006* portant institution, attributions, composition et fonctionnement d'un organe ad hoc de constatation des droits fonciers coutumiers.

Il contient trois titres et dix-huit articles, à savoir :

- Titre I : Disposition générale (article 1) ;
- Titre II ; Des attributions, de la composition et du fonctionnement (articles 2-15) ;
- Titre III : Dispositions transitoires diverses et finales (articles 16-18)

Décret n° 2018-484 du 26 décembre 2018 fixant les attributions, la composition et le fonctionnement de la commission nationale de reconnaissance des terres coutumières

LE PRESIDENT DE LA REPUBLIQUE,

Vu la Constitution ;

Vu la loi n° 09-2004 du 26 mars 2004 portant code du domaine de l'Etat ;

Vu la loi n°10-2004 du 26 mars 2004 fixant les principes généraux applicables aux régimes domanial et foncier ;

Vu la loi n°24-2008 du 22 septembre 2008 portant régime foncier en milieu urbain ;

Vu la loi n°25-2008 du 22 septembre 2008 portant régime agro-foncier ;

Vu la loi n°21-2018 du 13 juin 2018 fixant les règles d'occupation et d'acquisition des terres et terrains ;

Vu le décret n°2017-371 du 21 août 2017 portant nomination du Premier ministre, chef du Gouvernement ;

Vu le décret n°2017-373 du 22 août 2017 portant nomination des membres du Gouvernement ;

Sur le rapport du ministre chargé des affaires foncières ;

En Conseil des ministres,

DECRETE :

TITRE I : DISPOSITION GENERALE

Article premier - Le présent décret fixe, en application de l'article 9 de la loi n°21-2018 du 13 juin 2018 susvisée, les attributions, la composition et le fonctionnement de la commission nationale de reconnaissance des terres coutumières.

TITRE II : DES ATTRIBUTIONS, DE LA COMPOSITION ET DU FONCTIONNEMENT

Chapitre 1 : Des attributions

Article 2 - La commission nationale de reconnaissance des terres coutumières est chargée, notamment, de :

- procéder à l'enquête publique de traçabilité des terres coutumières à reconnaître en vue d'établir leur origine, de déterminer leurs détenteurs, leur superficie totale ainsi que leur lieu de situation ;

- approuver les plans cadastraux des terres coutumières à reconnaître ;
- purger, par voie de conciliation, les contestations nées des conflits fonciers ;
- arrêter la liste nominative des détenteurs des terres coutumières à reconnaître ;
- fournir aux détenteurs des terres coutumières à reconnaître tous les renseignements techniques de nature à leur faciliter l'immatriculation des terres coutumières à reconnaître ;
- dresser un procès-verbal de reconnaissance des terres coutumières, exécutoire dès sa signature séance tenante par tous les membres de la commission ainsi que les détenteurs des terres coutumières à reconnaître ;
- délivrer séance tenante, une copie du procès-verbal de reconnaissance des terres coutumières au mandataire général ;
- prononcer, s'il y a lieu, la non reconnaissance des terres coutumières et au besoin, renvoyer les parties en conflit à terminer leur litige devant le tribunal de grande instance territorialement compétent.

Chapitre 2 : De la composition

Article 3 - La commission nationale de reconnaissance des terres coutumières est composée ainsi qu'il suit :

Président : le ministre chargé des affaires foncières ;

Premier vice-président : le préfet du département ;

Deuxième vice-président : le président du conseil départemental ;

Troisième vice-président : le président du conseil municipal, maire de la ville ou le sous-préfet du lieu de situation des terres à reconnaître ;

Secrétaire-rapporteur : le directeur général du cadastre ;

Membres :
- l'administrateur-maire ou le maire de la communauté urbaine du lieu de situation des terres à reconnaître ;
- le procureur de la République près le tribunal de grande instance du ressort des terres à reconnaitre ;
- le directeur départemental du cadastre ;
- le directeur départemental du domaine de l'Etat ;
- le directeur départemental de l'agriculture ;
- le directeur départemental des impôts ;
- le directeur départemental des mines et de la géologie ;

- le directeur départemental de l'aménagement du territoire ;
- le directeur départemental de l'urbanisme ;
- le directeur départemental de l'économie forestière ;
- le directeur départemental de l'environnement ;
- le commandant de région de Gendarmerie ;
- le directeur départemental de la police ;
- le directeur de la gestion foncière urbaine ;
- le chef de quartier ou le chef de village du lieu de situation des terres à reconnaître ;
- le président et les membres de la coordination départementale du Haut conseil national des sages et notabilités traditionnelles ;
- le président et les membres du bureau exécutif du Haut conseil national des sages et notabilités traditionnelles du district du lieu de situation des terres à reconnaître ;
- le président national des terriens du Congo ;
- le président départemental de la fédération des terriens du Congo.

Article 4 - La commission nationale de reconnaissance des terres coutumières peut faire appel à toute personne ressource.

Chapitre 3 : Du fonctionnement

Article 5 - La commission nationale de reconnaissance des terres coutumières se réunit en session ordinaire une fois l'an, successivement dans chaque département, sur convocation de son président.

Elle peut, en cas de besoin, se réunir en session extraordinaire.

Article 6 - La saisine de la commission nationale de reconnaissance des terres coutumières est faite par le mandataire général auprès de la direction départementale du cadastre, sur requête contenant, les noms et prénoms, la date et le lieu de naissance, l'adresse, la situation matrimoniale et la profession du mandataire général ainsi que le lieu de situation des terres coutumières à reconnaître.

La requête doit être datée et signée par le mandataire général.

Article 7 - La requête est déposée à la direction départementale du cadastre du lieu de situation des terres à reconnaître, dans la période comprise entre le 2 janvier et le 2 février de chaque année.

L'Etat peut, à titre exceptionnel, requérir la reconnaissance des terres coutumières en cas de réalisation en urgence d'un projet d'intérêt général.

Article 8 - La direction départementale du cadastre, saisie à cet effet, procède dans les quinze jours, à compter de la saisine, à l'exécution des travaux d'arpentage en vue de l'établissement du plan cadastral des terres coutumières à reconnaître, à l'établissement des servitudes publiques, à la réunion des éléments de preuve de la détention de ces terres et, le cas échéant, à la délimitation des réserves foncières de l'Etat.

Article 9 - Le dossier administratif de reconnaissance des terres coutumières doit contenir la requête du mandataire général, le procès-verbal de désignation du mandataire général, dûment homologué par le tribunal de grande instance du ressort, l'attestation de dépôt et le plan cadastral des terres coutumières à reconnaître.

Article 10 - Le directeur départemental du cadastre, après avoir constitué les dossiers, communique, dans les quarante-huit heures, au directeur général du cadastre une notice hebdomadaire contenant la liste nominative des requérants, la superficie des terres coutumières à reconnaître de chacun d'eux et leurs lieux de situation.

Article 11 - Le directeur général du cadastre prépare, dans les quarante-huit heures suivant la réception des notices hebdomadaires des directions départementales, le rôle général annuel des sessions de la commission nationale de reconnaissance des terres coutumières et le soumet immédiatement au ministre chargé des affaires foncières.

Article 12 - Le ministre chargé des affaires foncières procède sans délai, par arrêté, à la publication du rôle général annuel des sessions de la commission nationale de reconnaissance des terres coutumières et à la convocation de celles-ci pour leur tenue dans chaque département.

L'arrêté portant publication du rôle général et convocation des sessions de la commission nationale de reconnaissance des terres coutumières est notifié par voie administrative aux préfets des départements.

Article 13 - Les sessions de la commission nationale de reconnaissance des terres coutumières se tiennent au chef-lieu de chaque département, en séance publique réunissant, outre les membres de la commission, les membres des familles demanderesses, les membres des familles détentrices des terres coutumières limitrophes pris à titre de témoins et les personnes requises en qualité de sachants.

Article 14 - La reconnaissance des terres coutumières est prononcée par arrêté du ministre chargé des affaires foncières. Cet arrêté, assorti d'un plan cadastral des terres coutumières, consacre leur origine coutumière, détermine leurs détenteurs et vaut autorisation d'immatriculation obligatoire de ces terres, sans préjudice des documents de planification, notamment le plan de développement et d'aménagement, les plans d'affectation des terres et les plans d'urbanisme.

Article 15 - Les frais de fonctionnement de la commission nationale de reconnaissance des terres coutumières sont à la charge du budget de l'Etat.

TITRE III : DISPOSITIONS TRANSITOIRES, DIVERSES ET FINALES

Article 16 - Les procédures de constatation et de reconnaissance des droits fonciers coutumiers en cours postérieurement à la date d'entrée en vigueur du présent décret sont reprises et exécutées conformément à la procédure de reconnaissance des terres coutumières.

Article 17 - Les fonctions de membres de la commission nationale de reconnaissance des terres coutumières sont gratuites.

Article 18 - Le présent décret, qui abroge toutes dispositions antérieures contraires, notamment le décret n°2006-255 du 28 juin 2006 portant institution, composition et fonctionnement d'un organe ad hoc de reconnaissance des droits fonciers coutumiers et le décret n°2006-256 du 28 juin 2006 portant institution, attributions, composition et fonctionnement d'un organe ad hoc de constatation des droits fonciers coutumiers, sera enregistré et publié au Journal officiel de la République du Congo./-

Fait à Brazzaville, le 26 décembre 2018

Par le Président de la République,
Denis SASSOU-N'GUESSO

Le Premier ministre, chef du Gouvernement,
Clément MOUAMBA

Le ministre des Affaires foncières et du Domaine public, chargé des Relations avec le Parlement,
Pierre MABIALA

Le ministre d'Etat, ministre de l'Agriculture, de l'Elevage et de la Pêche,
Henri DJOMBO

Le ministre de l'Intérieur et de la Décentralisation,
Raymond Zéphirin MBOULOU

Le ministre des Mines et de la Géologie,
Pierre OBA

Le ministre de l'Aménagement, de l'Equipement du territoire, des Grands travaux,
Jean-Jacques BOUYA

Le ministre de la défense nationale,
Charles Richard MONDJO

Le ministre des Finances et du Budget,
Calixte NGANONGO

Le ministre de la Justice et des Droits humains et de la promotion des peuples autochtones,
Aimé Ange Wilfrid BININGA

Le ministre de la Construction, de l'Urbanisme et de l'Habitat,
Josué Rodrigue NGOUONIMBA

La ministre de l'Economie forestière,
Rosalie MATONDO

La ministre du tourisme et de l'environnement,
Arlette SOUDAN-NONAULT

2. Arrêté n°7696/MAFDPRP/CAB du 11 septembre 2018 fixant les stipulations du certificat de géo-référencement initial :

L'Arrêté n°7696 du 11 septembre 2018 pris en application de l'article 22 de la loi du 13 juin 2018 revient sur les stipulations du certificat de géo-référencement initial qui est un acte administratif par lequel l'administration du cadastre mentionne toutes les informations relatives aux terres ou terrains, notamment : l'identité de l'occupant, les références cadastrales, les références municipales, les coordonnées géographiques, la minute des terres ou terrains.

**Arrêté n°___7696___/ MAFDPRP/CAB
fixant les stipulations du certificat de géo-référencement initial**

LE MINISTRE DES AFFAIRES FONCIERES ET DU DOMAINE PUBLIC, CHARGE DES RELATIONS AVEC LE PARLEMENT,

Vu la constitution ;
Vu la loi n° 27/81 du 27 Août 1981 portant institution, organisation et fonctionnement du Cadastre national ;
Vu la loi n°9-2004 du 26 mars 2004 portant code du domaine l'Etat ;
Vu la loi n° 10-2004 du 26 mars 2004 fixant les principes généra applicables aux régimes domanial et foncier ;

Vu la loi n° 21-2018 du 13 juin 2018 fixant les règles d'occupation et d'acquisition des terres et terrains ;
Vu le décret n°2017-371 du 21 août 2017 portant nomination du Premier Ministre, Chef du Gouvernement ;
Vu le décret n° 2017-373 du 22 août 2017 portant nomination des membres du Gouvernement ;
Vu le décret n° 2017-407 du 10 octobre 2017 relatif aux attributions du ministre des affaires foncières et du domaine public, chargé des relations avec le Parlement ;

Arrête :

Article premier - En application de l'article 22 de la loi n°21-2018 du 13 juin 2018 fixant les règles d'occupation et d'acquisition des terres et terrains, les stipulations contenues dans le certificat de géo-référencement initial sont les suivantes :

I. L'état civil de l'acquéreur de la propriété ainsi que son adresse complète et son numéro de téléphone ;
II. L'état civil du cessionnaire ou du mandataire général ainsi que son adresse complète et son numéro de téléphone ;
III. L'origine de la propriété, son état, son statut ainsi que son mode d'acquisition ;
IV. Les références parcellaires ainsi que le lieu de situation de la propriété ;
V. Le tableau des coordonnées GPS (UTM) constitué en points X, Y ;
VI. La minute du terrain.

Article 2 - Le certificat de géo-référencement initial est établi sur rapport d'enquête de traçabilité foncière menée par la direction départementale des affaires foncières, du cadastre et de la topographie ensemble avec la direction départementale du domaine de l'Etat du lieu de situation de la propriété.

Article 3 : Le certificat de géo-référencement initial n'est signé et délivré qu'après le contrôle technique des services du Bureau d'études et de contrôle des travaux cadastraux sanctionné par avis favorable ou défavorable.

Article 4 - Le certificat de géo-référencement initial est signé pa‹ directeur général des affaires foncières, du cadastre et de topographie ou par délégation, par le directeur départemental lieu de situation de la propriété concernée, et contresigné pa‹ directeur départemental du domaine de l'Etat, par l'acquéreur d‹ propriété ainsi que par le cessionnaire ou le mandataire général.

Il est signé au lieu et à la date de sa délivrance.

Article 5 - Le modèle du certificat de géo-référencement est j‹ en annexe du présent arrêté.

Article 6 - Le présent arrêté sera enregistré, publié au Jou‹ officiel et communiqué partout où besoin sera.

Fait à Brazzaville, le 11 septembre 2018

Le ministre des affaires foncières et du domaine public, chargé des relations avec le Parlement,

Pierre MABIALA

MINISTERE DES AFFAIRES FONCIERES ET DU DOMAINE PUBLIC,
CHARGE DES RELATIONS AVEC LE PARLEMENT

REPUBLIQUE DU CONGO
Unité * Travail * Progrès

DIRECTION GENERALE DES AFFAIRES FONCIERES,
DU CADASTRE ET DE LA TOPOGRAPHIE

Numéro .... / ....

CERTIFICAT DE GEO-REFERENCEMENT INITIAL

Le Directeur Général des affaires foncières, du cadastre et de la topographie, certifie sur rapport d'enquête de traçabilité foncière menée conformément à l'ordre de service n°............ du ....
par M/Mme ....
en qualité de ....
que la propriété immobilière ci-dessous référencée a été géo-localisée et référencée conformément aux documents de la propriété indiqués, aux coordonnées UTM correspondantes et à la minute du terrain.

I : état civil de l'acquéreur
Nom(s) :
Prénom(s) :
Date et lieu de naissance :
Nationalité :
Profession :
CNI/Passeport n° :
Délivré(e) le .... à ....
Adresse :
Téléphone :
E-mail :

II : état civil du cessionnaire ou du mandataire général
Nom(s) :
Prénom(s) :
Date et lieu de naissance :
Nationalité :
Profession :
CNI/Passeport n° :
Délivré(e) le .... à ....
Adresse :
Téléphone :
E-mail :

III : origine de la propriété
Etat ☐ Collectivité locale ☐ Etablissement pub. ☐
Terrien ☐ Foncier ☐ occupant précaire ☐
Mode d'acquisition
Reconnaissance des terres coutumières ☐ Succession ☐
Achat ☐ Autres ☐
Préciser
Chronologie des différents propriétaires :

IV : références parcellaires
Département
Commune ☐ Communauté urbaine ☐ Sous-préfecture ☐
Arrondissement n° .... Village ....
Quartier .... Superficie ....
Section .... Bloc ....
Parcelle

V : coordonnées GPS (UTM)

Points	X	Y

Fait à .... le ....

L'acquéreur   Le cessionnaire ou mandataire général   Le Directeur Général,

VI • La minute du terrain

3. Arrêté n°3899/MAFDPRP/CAB du 4 mars 2019 relatif au formulaire officiel de l'acte de vente des terres et terrains

L'Arrêté n°3899/MAFDPRP/CAB relatif au formulaire officiel de l'acte de vente des terres et terrains est un texte de référence en matière d'acquisition des terres et terrains.

Avant ce texte, il n'existait pas d'acte de vente des terres et terrains présenté suivant un formulaire officiel. Il en résulte que, pour les ventes des terres et terrains, les parties auront désormais à remplir le formulaire officiel d'acte de vente. Une fois la vente conclue, tout acquéreur est appelé à faire enregistrer le présent acte, tout en assumant le payement des frais cadastraux, les droits fiscaux et d'enregistrement dus à l'occasion de cette vente.

De structure simple, l'Arrêté n°3899 comporte deux dispositions auxquelles est annexé, sur deux pages, le formulaire officiel de l'acte de vente des terres et terrains.

Ce formulaire officiel d'acte de vente permet d'uniformiser les mentions obligatoires qui doivent figurer dans cet acte officiel pour éviter la diversité dans la constitution des documents cadastraux, ou même le défaut de mentions, car autrefois les attestations de vente étaient établies entre vendeurs et acquéreurs de terres et terrains sans mentionner la superficie ou l'origine ou encore la description de la propriété, par exemple. Cela rendait difficile l'établissement des documents graphiques et littéraux du cadastre national foncier et des titres fonciers. Ce formulaire d'acte de vente est une réforme d'harmonisation administrative et technique de toutes les transactions foncières réalisées entre particuliers au Congo.

Arrêté n° _____ 3899 _____ / MAFDPRP/CAB
relatif au formulaire officiel de l'acte de vente des terres et terrains

LE MINISTRE DES AFFAIRES FONCIERES ET DU DOMAINE PUBLIC, CHARGE DES RELATIONS AVEC LE PARLEMENT,

Vu la Constitution ;

Vu la loi n° 27/81 du 27 août 1981 portant institution, organisation et fonctionnement du Cadastre national ;

Vu la loi n°9-2004 du 26 mars 2004 portant code du domaine de l'Etat ;

Vu la loi n°10-2004 du 26 mars 2004 fixant les principes généraux applicables aux régimes domanial et foncier ;

Vu la loi n° 21-2018 du 13 juin 2018 fixant les règles d'occupation et d'acquisition des terres et terrains ;

Vu le décret n°2017-371 du 21 août 2017 portant nomination du Premier Ministre, Chef du Gouvernement ;

Vu le décret n° 2017-373 du 22 août 2017 portant nomination des membres du Gouvernement ;

Vu le décret n° 2017-407 du 10 octobre 2017 relatif aux attributions du ministre des affaires foncières et du domaine public, chargé des relations avec le Parlement,

ARRETE :

Article premier - L'acte de vente des terres et terrains est rédigé conformément au formulaire officiel annexé au présent arrêté.

Article 2 - Le présent arrêté sera enregistré, publié au Journal Officiel et communiqué partout où besoin sera.

Fait à Brazzaville, le 04 mars 2019

Pierre MABIALA

REPUBLIQUE DU CONGO
DEPARTEMENT DE : ....
COMMUNE/DISTRICT DE : ....

ACTE DE VENTE SOUS SEING PRIVE DES TERRES OU TERRAINS

Entre

D'une part, le vendeur :

M. / Mme :..
Date et lieu de naissance :...
CNI/passeport n°..........................délivré le......................à..............
Profession : ....
Nationalité :..
Adresse :...
Tél :...

D'autre part, l'acheteur :

M. /Mme :...
Date et lieu de naissance :...
CNI/passeport n°..........................délivré le......................à..............
Profession : ....
Nationalité :..
Adresse :...
Tél :...

Avertissement

Reconnaissant que le présent document constitue un ENGAGEMENT IRREVOCABLE qui les lie, notamment civilement l'un vis-à-vis de l'autre, et ensemble fiscalement vis-à-vis de l'administration fiscale.

Conviennent ce qui suit :

Vente - Description de la propriété :

Le soussigné de première part déclare, par les présentes, vendre sous les garanties ordinaires de fait et de droit, et pour franc, quitte et libre de toutes charges et dettes privilégiées et hypothécaires généralement quelconques - le vendeur déclarant qu'il n'en existe aucune - au soussigné de seconde part qui accepte la propriété suivante :

Références cadastrales				
Section : ....Bloc :............Parcelle n° :............Dimensions :...................Superficie :				
Lieu :...				

L'acquéreur déclare bien connaître la propriété et ses limites et l'accepte telle qu'elle existe et dans l'état où elle se trouve avec toutes les servitudes actives et passives, apparentes et occultes, continues et discontinues.

Jouissance-Propriété-Impôts

La propriété objet de la présente vente est libre d'occupation.

L'acquéreur aura la pleine propriété de la terre ou terrain ainsi que la jouissance par la possession réelle à compter de ce jour, à charge de supporter désormais le précompte immobilier et tous impôts publics grevant ou pouvant grever ladite terre ou ledit terrain.

Urbanisme- Prescriptions diverses

Le vendeur déclare qu'à sa connaissance la propriété vendue est située en zone urbaine☐ périurbaine☐ ou rurale ☐.

L'acquéreur devra se conformer aux lois et règlements en matière foncière, d'urbanisme et d'aménagement du territoire ; le vendeur ne prenant aucun engagement à ce sujet.

Prix- Quittance

La présente vente est faite, consentie et acceptée pour et moyennant le prix de : .... (...............................) FCFA.

Payé comptant dont quittance ou par acompte de : ....

Frais

L'acquéreur se charge de faire enregistrer le présent acte et il assume le paiement des frais cadastraux, des droits fiscaux et d'enregistrement dus à l'occasion de cette vente.

Fait à :..................le :....................................en..........exemplaires, chacune des parties reconnaissant avoir été en possession d'un exemplaire original.

L'acquéreur   **Le vendeur**

Témoin de l'acquéreur   **Témoin du vendeur**
Noms et prénoms :   Noms et prénoms :
Adresse :   Adresse :
N° tél :   N° tél :

Signature   Signature

4. Arrêté n°3901/MAFDPRP/CAB du 4 mars 2019 relatif au formulaire officiel du procès-verbal d'enquête parcellaire de traçabilité :

L'existence d'un formulaire officiel du procès-verbal de l'enquête parcellaire de traçabilité, prévue par l'Arrêté n°3901 du 4 mars 2019, est désormais un gage de la fiabilité des informations recueillies dans le cadre de l'acquisition de la propriété immobilière. L'intérêt du formulaire officiel du procès–verbal de l'enquête parcellaire de traçabilité réside dans le fait que les enquêteurs sont tenus d'y préciser des éléments comme les références cadastrales, les mutations dont aurait fait ou non l'objet la propriété enquêtée, la situation juridique de la propriété. A l'issue de l'enquête effectuée, les enquêteurs pourront reconnaître la qualité d'occupant légal ou de propriétaire sur un immeuble donné.

Arrêté n°_____3901_____/ MAFDPRP/CAB

relatif au formulaire officiel du procès-verbal de l'enquête parcellaire de traçabilité

LE MINISTRE DES AFFAIRES FONCIERES ET DU DOMAINE PUBLIC,

CHARGE DES RELATIONS AVEC LE PARLEMENT,

Vu la Constitution ;

Vu la loi n° 27/81 du 27 août 1981 portant institution, organisation et fonctionnement du Cadastre national ;

Vu la loi n°9-2004 du 26 mars 2004 portant code du domaine de l'Etat ;

Vu la loi n°10-2004 du 26 mars 2004 fixant les principes généraux applicables aux régimes domanial et foncier ;

Vu la loi n°21-2008 du 17 novembre 2008 sur l'aménagement et l'urbanisme ;

Vu la loi n° 21-2018 du 13 juin 2018 fixant les règles d'occupation et d'acquisition des terres et terrains ;

Vu le décret n°2017-371 du 21 août 2017 portant nomination du Premier ministre, Chef du Gouvernement ;

Vu le décret n° 2017-373 du 22 août 2017 portant nomination des membres du Gouvernement ;

Vu le décret n° 2017-407 du 10 octobre 2017 relatif aux attributions du ministre des affaires foncières et du domaine public, chargé des relations avec le parlement,

ARRETE :

Article premier - L'enquête parcellaire de traçabilité est sanctionnée par un procès-verbal dont le formulaire officiel est annexé au présent arrêté.

Article 2 - Le présent arrêté sera enregistré, publié au Journal Officiel et communiqué partout où besoin sera.

Fait à Brazzaville, le 04 mars 2019

Pierre MABIALA

MINISTERE DES AFFAIRES FONCIERES ET DU DOMAINE PUBLIC, CHARGE DES RELATIONS AVEC LE PARLEMENT	REPUBLIQUE DU CONGO
DIRECTION GENERALE DES AFFAIRES FONCIERES, DU CADASTRE ET DE LA TOPOGRAPHIE	Unité *Travail *Progrès
DIRECTION DEPARTEMENTALE DES AFFAIRES FONCIERES, DU CADASTRE ET DE LA TOPOGRAPHIE DE_____	
N°_____/MAFDPRP/DGAFCT-DDAFCT	

PROCES-VERBAL
DE L'ENQUETE PARCELLAIRE DE TRAÇABILITE

L'an deux mil_____ et le _____,
nous soussignés, avons été désignés pour procéder à l'enquête parcellaire de traçabilité de la propriété immobilière sise à : _____

Vu la constitution ;
Vu la loi n° 27/81 du 27 août 1981 portant institution, organisation et fonctionnement du Cadastre national ;
Vu la loi n°9-2004 du 26 mars 2004 portant code du domaine de l'Etat ;
Vu la loi n°10-2004 du 26 mars 2004 fixant les principes généraux applicables aux régimes domanial et foncier ;
Vu la loi n° 21-2018 du 13 juin 2018 fixant les règles d'occupation et d'acquisition des terres et terrains ;
Vu le décret 2010-285 du 1er avril 2010 portant attribution et organisation de la direction générale des affaires foncières, du cadastre et de la topographie ;
Vu l'arrêté n°4574 du 21 juin 2010 portant attribution et organisation des directions départementales des affaires foncières, du cadastre et de la topographie ;
Vu l'ordre de service n°................ du ....

L'enquête parcellaire a porté sur les éléments ci-après :

1- REFERENCES CADASTRALES

Anciennes situations

Section :
Bloc :
Parcelle :
Superficie :

Nouvelles situations

Section :
Bloc :
Parcelle :
Superficie :

Coordonnées Topographiques

Coordonnées GPS		
Points	X	Y

2- MUTATIONS

_____
_____
_____
_____
_____
_____
_____

3- SITUATION JURIDIQUE DE LA PROPRIETE

_____
_____
_____
_____
_____
_____

4- PRESCRIPTION ACQUISITIVE

_____
_____
_____
_____
_____
_____

Il ressort de l'enquête parcellaire de traçabilité que la personne physique ☐ / morale ☐ dénommée
_____ ☐ _____ ☐ _____ est bel et bien occupant légal/propriétaire de l'immeuble ci-dessus indiqué.

Fait à_____, le_____

Les enquêteurs   Le Directeur Départemental

5. II-Arrêté n°3902/MAFDPRP/CAB du 4 mars 2019 relatif au formulaire officiel du procès-verbal de reconnaissance des terres coutumières :

L'Arrêté n°3902 institue un formulaire de procès-verbal de reconnaissance des terres coutumières. Ce procès-verbal est une pièce essentielle pour la reconnaissance des terres coutumières en République du Congo. Il est signé, à l'issue d'une session ordinaire ou extraordinaire de la commission nationale de reconnaissance des terres coutumières par des autorités administratives nationales (ministre des affaires foncières et du domaine public, le directeur général du cadastre) et locales (le préfet du département, le président du conseil départemental, le président du conseil municipal, maire de la ville ou le sous-préfet du lieu de situation des terres à reconnaître).

Arrêté n°_____3902_____/ MAFDPRP/CAB

relatif au formulaire officiel du procès-verbal de reconnaissance des terres coutumières

LE MINISTRE DES AFFAIRES FONCIERES ET DU DOMAINE PUBLIC,

CHARGE DES RELATIONS AVEC LE PARLEMENT,

Vu la Constitution ;

Vu la loi n° 27/81 du 27 août 1981 portant institution, organisation et fonctionnement du Cadastre national ;

Vu la loi n°9-2004 du 26 mars 2004 portant code du domaine l'Etat ;

Vu la loi n° 10-2004 du 26 mars 2004 fixant les principes généraux applicables aux régimes domanial et foncier ;

Vu la loi n° 21-2018 du 13 juin 2018 fixant les règles d'occupation et d'acquisition des terres et terrains ;

Vu le décret n°2018-484 du 26 décembre 2018 portant composition, attributions et fonctionnement de la commission nationale de reconnaissance des terres coutumières ;

Vu le décret n°2017-371 du 21 août 2017 portant nomination du Premier ministre, Chef du Gouvernement ;

Vu le décret n° 2017-373 du 22 août 2017 portant nomination des membres du Gouvernement ;

Vu le décret n° 2017-407 du 10 octobre 2017 relatif aux attributions du ministre des affaires foncières et du domaine public, chargé des relations avec le Parlement,

ARRETE :

Article premier - Le procès-verbal de reconnaissance des terres coutumières est rédigé conformément au formulaire officiel annexé au présent arrêté.

Article 2 - Le présent arrêté sera enregistré, publié au Journal Officiel et communiqué partout où besoin sera./-

Fait à Brazzaville, le 04 mars 2019

Pierre MABIALA

REPUBLIQUE DU CONGO
COMMISSION NATIONALE DE RECONNAISSANCE
DES TERRES COUTUMIERES
DEPARTEMENT DE : ....
COMMUNE/DISTRICT DE : ....

PROCES-VERBAL
DE RECONNAISSANCE DES TERRES COUTUMIERES

L'an deux mil_____ et le_____

Nous, commission nationale de reconnaissance des terres coutumières, siégeant en session ordinaire ☐ ou en session extraordinaire ☐ de l'année_____ avons été saisie par M./Mme_____

Mandataire général de la famille_____

aux fins de procéder à la reconnaissance des terres coutumières de ladite famille.

Vu la constitution ;
Vu la loi n° 27/81 du 27 août 1981 portant institution, organisation et fonctionnement du cadastre national ;
Vu la loi n°10-2004 du 26 mars 2004 fixant les principes généraux applicables aux régimes domanial et foncier ;
Vu la loi n°25-2008 du 22 septembre 2008 portant régime agro-foncier ;
Vu la loi n° 21-2018 du 13 juin 2018 fixant les règles d'occupation et d'acquisition des terres et terrains ;
Vu le décret 2010-285 du 1er avril 2010 portant attribution et organisation de la direction générale des affaires foncières, du cadastre et de la topographie ;
Vu le décret 2018 – 484 du 26 décembre 2018 fixant les attributions, la composition et le fonctionnement de la commission nationale de reconnaissance des terres coutumières ;
Vu l'arrêté n°3902/MAFDPRP-CAB du 04 mars 2019 relatif au formulaire officiel du procès-verbal de reconnaissance des terres coutumières ;
Vu le plan de délimitation n°_____ du _____ ;
Vu le procès-verbal du conseil de famille désignant le mandataire général ;
Vu la décision d'homologation du procès-verbal de conseil de famille désignant le mandataire général ;
Vu la présence du mandataire général ;
Vu la présence des familles limitrophes ;

La commission nationale de reconnaissance des terres coutumières composée ainsi qu'il suit :
- Président : _____
- Premier vice-président : _____
- Deuxième vice-président : _____
- Troisième vice-président : _____
- Secrétaire-rapporteur : _____

Membres :

- _____   - _____
- _____   - _____
- _____   - _____
- _____   - _____
- _____   - _____
- _____   - _____
- _____   - _____
- _____

Après avoir traité des questions suivantes, **décide** :

1- ENQUETE PUBLIQUE DE TRAÇABILITE DES TERRES COUTUMIERES

a) ORIGINE DE LA PROPRIETE

_____
_____
_____
_____
_____

b) AUDITION DES MEMBRES DES FAMILLES DETENTRICES DES TERRES LIMITROPHES, ET DES PERSONNES RESSOURCES

_____
_____
_____
_____

c) DETERMINATION DES DETENTEURS DES TERRES COUTUMIERES A RECONNAITRE (LISTE NOMINATIVE)

_____
_____
_____
_____

d) DETERMINATION DE LA SITUATION GEOGRAPHIQUE DES TERRES COUTUMIERES A RECONNAITRE

_____
_____

a) DETERMINATION DE LA SUPERFICIE DES TERRES COUTUMIERES A RECONNAITRE

2- APPROBATION DES PLANS CADASTRAUX DES TERRES COUTUMIERES A RECONNAITRE

Cf. plan cadastral ci-joint.

3- PURGE DES CONTESTATIONS NEES DES CONFLITS FONCIERS

4- RENSEIGNEMENTS TECHNIQUES DE NATURE A FACILITER AUX DETENTEURS DES TERRES COUTUMIERES A RECONNAITRE L'IMMATRICULATION DE LEURS TERRES

5- PRONONCIATION S'IL Y A LIEU DE LA NON RECONNAISSANCE DES TERRES COUTUMIERES

6- IL RESSORT APRES EXAMEN DES QUESTIONS TRAITEES QUE LA FAMILLE : _____ EST PROPRIETAIRES DES

TERRES COUTUMIERS DU LIEU-DIT _____DONT ELLE REQUIERT L'IMMATRICULATION.

En foi de quoi, le présent procès-verbal de reconnaissance des terres coutumières a été établi en trois (3) exemplaires, dont un (1) exemplaire délivré séance tenante au mandataire général de la famille pour servir et valoir ce que de droit. /-

Fait à_____, le_____

- Le président de la commission :
- Le premier vice-président :
- Le deuxième vice-président :
- Le troisième vice-président :
- Le secrétaire-rapporteur :

Les membres de la commission :

N°	Noms et prénoms	Fonction	Signature
1.			
2.			
3.			
4.			
5.			
6.			
7.			
8.			
9.			
10.			
11.			
12.			
13.			
14.			
15.			
16.			

17.			
18.			
19.			

Le mandataire général,

6. Arrêté n°3903/MAFDPRP/CAB du 4 mars 2019 fixant les modalités de constatation de la possession continue, réelle, paisible, publique et non équivoque des terres et terrains au bout de trente (30) ans :

L'Arrêté n°3903 se rapporte à la constatation de la possession continue, réelle, paisible, publique et non équivoque pendant trente (30) ans des terres et terrains. Il contient trois articles et se présente sur une seule page.

Pour bénéficier de cette prescription acquisitive trentenaire, en tant que mode d'acquisition d'une propriété foncière comme tant d'autres, l'occupant foncier doit prouver, devant une commission d'enquête, avoir effectué des aménagements fonciers ou des mises en valeur, uniquement dans l'espace des terres ou terrains occupés pendant la période de trente ans. Ceci pour éviter que le bénéficiaire de la prescription acquisitive trentenaire n'accapare toutes les terres contiguës à celles sur lesquelles il a réalisé des aménagements ou des mises en valeur pendant la durée de l'occupation.

Arrêté n° __3903__ / MAFDPRP/CAB

fixant les modalités de constatation de la possession continue, réelle, paisible, publique et non équivoque des terres et terrains au bout de trente (30) ans

LE MINISTRE DES AFFAIRES FONCIERES ET DU DOMAINE PUBLIC,

CHARGE DES RELATIONS AVEC LE PARLEMENT,

Vu la constitution ;

Vu la loi n° 27/81 du 27 Août 1981 portant institution, organisation et fonctionnement du Cadastre national ;

Vu la loi n°9-2004 du 26 mars 2004 portant code du domaine de l'Etat ;

Vu la loi n° 10-2004 du 26 mars 2004 fixant les principes généraux applicables aux régimes domanial et foncier ;

Vu la loi n° 21-2018 du 13 juin 2018 fixant les règles d'occupation et d'acquisition des terres et terrains ;

Vu le décret n°2017-371 du 21 août 2017 portant nomination du Premier Ministre, Chef du Gouvernement ;

Vu le décret n° 2017-373 du 22 août 2017 portant nomination des membres du Gouvernement ;

Vu le décret n° 2017-407 du 10 octobre 2017 relatif aux attributions du ministre des affaires foncières et du domaine public, chargé des relations avec le Parlement ;

ARRETE :

Article premier - En application de l'article 31 de la loi n°21-2018 fixant les règles d'occupation et d'acquisition des terres et terrains, la possession continue, réelle, paisible, publique et non équivoque des terres et terrains au bout de trente (30) ans est constatée par un procès-verbal d'enquête parcellaire assorti d'un plan de délimitation, à l'issue d'une enquête menée par les services du cadastre, du domaine de l'Etat, de l'urbanisme et des services de l'administration du lieu de situation des terres et terrains.

Article 2 - Les aménagements fonciers ou les mises en valeurs réalisées sur les terres ou terrains occupés pendant une période de trente (30) ans sont justifiés par l'occupant foncier précaire devant une commission d'enquête.

Article 3 - Le présent arrêté sera enregistré, publié au Journal officiel et communiqué partout où besoin sera./-

Fait à Brazzaville, le 04 mars 2019

Le Ministre,

Pierre MABIALA

Notons que tous ces actes officiels sont disponibles dans toutes les directions départementales du cadastre national foncier. Chaque usager du foncier peut ainsi se les procurer pour assurer la garantie de ses droits de propriété.

III DECISIONS DE LA COUR CONSTITUTIONNELLE :

Toute loi révolutionnaire a toujours suscité des réactions de tous ordres, surtout lorsqu'il s'agit, comme en l'espèce, d'une loi intervenue dans le secteur du foncier longtemps gangrené par les antivaleurs orchestrées par les usagers du foncier. La loi n°21-2018 du 13 juin 2018 fixant les règles d'occupation et d'acquisition des terres et terrains ayant pour vocation d'anéantir ces antivaleurs a provoqué une levée de boucliers par une vague de recours en inconstitutionnalité, par voie d'action, devant la Cour constitutionnelle.

C'est la preuve que cette loi est venue bousculer les habitudes répréhensibles des usagers peu orthodoxes du foncier.

Certes, la Constitution en son article 23 garantit les droits de propriété et de succession, et affirme le principe selon lequel nul ne peut être privé de sa propriété que pour cause d'utilité publique, moyennant une juste et préalable indemnité, dans les conditions prévues par la loi.

Cependant, les règles d'occupation et d'acquisition de la propriété doivent être précisées par une loi. Cela ne constitue nullement une atteinte au droit de propriété tel que garanti par l'article 23 de la Constitution du 25 octobre 2015. C'est en cela que la loi n° 21-2018 du 13 juin 2018 fixant les règles d'occupation et d'acquisition des terres et terrains trouve tout son sens et toute son importance en droit foncier congolais.

Les différentes décisions rendues par la Cour Constitutionnelle (Décision N°002/DCC/SVA/18 du 13 septembre 2018, Décision N°003/DCC/SVA/18 du 3 octobre 2018, Décision N°005/DCC/SVA/19 du 6 juin

2019) sont reproduites ici dans leurs motivations et dans leurs dispositifs.

1. DECISION N°002/DCC/SVA/18 DU 13 SEPTEMBRE 2018

LA COUR CONSTITUTIONNELLE :

A. Sur la constitutionnalité de l'article 16 de la loi n°21-2018 du 13 juin 2018 fixant les règles d'occupation et d'acquisition des terres et terrains

Considérant que le requérant allègue que l'article 16 de la loi n°21-2018 du 13 juin 2018 fixant les règles d'occupation et d'acquisition des terres et terrains dispose que « Pour la constitution des réserves foncières de l'Etat nécessaires à la mise en œuvre du plan national de développement économique et social, une rétrocession de dix pour cent (10%) de la superficie des terres ou terrains reconnus est faite à l'Etat par les propriétaires terriens » ;

Qu'ainsi, selon lui, cette loi institue « une nouvelle forme de cession forcée de dix pour cent (10%) de la superficie des propriétés privées au profit de l'Etat sans contrepartie (indemnité juste et préalable) »

Que, tel que stipulé, s'interroge-t-il, l'article 16 de la loi sus citée est-il conforme à l'article 23 alinéa 1 de la Constitution qui dispose que « Nul ne peut être privé de sa propriété que pour cause d'utilité publique, moyennant une juste et préalable indemnité, dans les conditions fixées par la loi » ?

Qu'il s'interroge, aussi, sur le fondement constitutionnel d'atteinte à la propriété privée par une procédure autre que celle de l'expropriation pour cause d'utilité publique ;

Qu'il indique que le principe constitutionnel de la protection de la propriété privée est, aussi, consacré à l'article 6 alinéa 1 de la loi n°10-2004 du 26 mars 2004 fixant les principes généraux applicables aux régimes domanial et foncier en ces termes : « Le droit de propriété des personnes physiques et morales de droit privé ne peut faire l'objet de limitation qu'en vertu d'une expropriation, moyennant une juste et préalable indemnité » ;

Qu'il affirme, en outre, que l'article 41 de la même loi dispose que « L'Etat et les collectivités publiques ainsi que de façon générale toutes personnes publiques ou privées des sols et les droits réels immobiliers qui y sont attachés, reconnus aux personnes physiques et morales.

« Toutefois, les personnes morales de droit public sont habilitées à recourir à l'expropriation pour cause d'utilité publique, conformément à la loi » ;

Qu'il considère, enfin, que la loi dont il invoque l'inconstitutionnalité de l'article 16 se contredit lorsqu'elle dispose, en son article 23, que « Nul ne peut être privé de sa propriété foncière que pour cause d'utilité publique, moyennant une juste et préalable indemnité, conformément à la procédure prévue par la loi en vigueur » ;

Qu'au regard de ce qui précède, questionne-t-il la Cour Constitutionnelle, l'article 16 de la loi susmentionnée, en attribuant à l'Etat le droit de priver les propriétaires d'une partie de leur propriété au moyen d'une procédure autre que celle de l'expropriation pour cause d'utilité publique, est-il conforme à l'article 23 alinéa 1 de la Constitution ?

Considérant que l'article 16 critiqué de la loi n°21-2018 du 13 juin 2018 fixant les règles d'occupation et d'acquisition des terres et terrains est ainsi libellé : « Pour la constitution des réserves foncières de l'Etat nécessaires à la mise en œuvre du plan national de développement économique et social, une rétrocession de dix pour cent (10%) de la superficie des terres ou terrains est faite à l'Etat par les propriétaires terriens.

« L'immatriculation d'office des terres coutumières par l'Etat conformément aux lois et règlements en vigueur, donne droit à une rétrocession à l'Etat, au titre des frais cadastraux et de création du titre foncier au profit des propriétaires terriens, de cinq pour cent (5%) de la superficie des terres reconnues » ;

Considérant que le requérant soutient que l'article 16 de la loi précitée n'est pas conforme à l'article 23 alinéa premier de la Constitution qui dispose : Nul ne peut être privé de sa propriété que pour cause d'utilité publique, moyennant une juste et préalable indemnité, dans les conditions prévues par la loi » ; qu'il estime que cette loi institue une nouvelle forme de cession forcée de dix pour cent (10%) de la superficie des propriétés privées au profit de l'Etat sans contrepartie ;

Considérant que, selon le requérant, l'article 23 l'alinéa premier de la Constitution est libellé comme suit : « Nul ne peut être privé de sa propriété que pour cause d'utilité publique, moyennant une juste et préalable indemnité, dans les conditions fixées par la loi » ;

Considérant, plutôt, que l'article 23 de la Constitution énoncé : « Les droits de propriété et de succession sont garantis ».

« Nul ne peut être privé de sa propriété que pour cause d'utilité publique, moyennant une juste et préalable indemnité, dans les conditions prévues par la loi » ;

Considérant que l'alinéa premier de l'article 23 de la Constitution visé, par erreur, par le requérant, est, en réalité, l'alinéa 2 dudit article ;

Considérant que le recours introduit par le requérant porte précisément sur l'alinéa premier de l'article 16 de la loi précitée qui oblige les propriétaires terriens à rétrocéder à l'Etat dix pour cent (10%) de la superficie de leurs terres et terrains reconnus et ce, sans contrepartie ;

Considérant qu'il résulte de l'article 23 sus cité de la Constitution que le droit de propriété ne peut subir de limitations justifiées par l'utilité publique, comme il en est le cas en l'espèce s'agissant de la constitution des réserves foncières de l'Etat nécessaires à la mise en œuvre du plan national de développement économique et social, que sous la condition d'une juste et préalable indemnité ;

Considérant que l'alinéa premier de l'article 16 de la loi n°21-2018 du 13 juin 2018 fixant les règles d'occupation et d'acquisition des terres et terrains ne prend nullement en compte l'exigence constitutionnelle d'une juste et préalable indemnité ; que cet alinéa porte, de toute évidence, atteinte à la garantie constitutionnelle du droit de propriété telle que consacrée par la Constitution en son article 23 ; qu'il est, donc, contraire à la Constitution ;

Considérant qu'aux termes de l'article 181 alinéa premier de la Constitution, « Une disposition déclarée inconstitutionnelle ne peut être ni promulguée, ni mise en application » ; qu'il en infère que l'article 16 alinéa premier de la loi n°21-2018 du 13 juin 2018 fixant les règles d'occupation et d'acquisition des terres et terrains ne peut être mis en application ;

Considérant, par ailleurs, que l'article 47 de la loi organique n°28-2018 du 7 août 2018 portant organisation et fonctionnement de la Cour constitutionnelle dispose : « La Cour constitutionnelle peut moduler, dans le temps, les effets de ses décisions d'inconstitutionnalité » ; qu'ainsi, la présente décision n'a pas d'effet rétroactif ; qu'elle s'applique, donc, aux situations en cours et non définitivement acquises à compter de sa date.

DECIDE :

Article premier – La Cour Constitutionnelle est compétente.

Article 2 – La saisine de la Cour constitutionnelle est régulière.

Article 3 – La requête de monsieur NONGOU Elie Jean Pierre est recevable.

Article 4 – L'article 16 alinéa premier de la loi n°21-2018 du 13 juin 2018 fixant les règles d'occupation et d'acquisition des terres et terrains est contraire à la Constitution et ne peut, par conséquent, être mis en application.

Article 5 – La présente décision, qui n'a pas d'effets rétroactifs, s'applique aux situations en cours et non définitivement acquises à compter de sa date.

Article 6 – La présente décision sera notifiée au requérant, au président du sénat, au président de l'Assemblée Nationale, au Premier ministre, chef du Gouvernement, au ministre en charge des affaires foncières, au secrétaire général du Gouvernement et publiée au Journal Officiel.

Délibéré par la Cour constitutionnelle en sa séance du 13 septembre 2018 où siégeaient :

- **Auguste ILOKI** : Président
- **Thomas DHELLO** : Membre
- **Marc MASSAMBA NDILOU** : Membre
- **Jacques BOMBETE** : Membre
- **Delphine EMMANUEL ADOUKI** : Membre
- **Jean Bernard Anaël SAMORY** : Membre
- **Justin BALLAY-MEGOT** : Membre
- **Nadia Josiane Laure MACOSSO** : Membre
- **Antonin MOKOKO** : Secrétaire Général

2. DECISION N°003/DCC/SVA/18 DU 3 OCTOBRE 2018

LA COUR CONSTITUTIONNELLE :

A. Sur la constitutionnalité de l'article 13 de la loi n°21-2018 du 13 juin 2018 fixant les règles d'occupation et d'acquisition des terres et terrains

Considérant que le requérant expose que l'article 13 de la loi sus citée dispose que « Tout lotissement, toute cession, toute donation entre vifs, ou de façon générale, toute mutation ou tout transfert de propriété portant sur les terres coutumières reconnues par l'Etat, ne peut s'effectuer qu'après l'immatriculation de celles-ci » : que, selon lui, cette disposition, qui impose des restrictions qui ne sont pas celles généralement admises, est une atteinte au droit de propriété tel que prévu par l'article 23 de la Constitution ;

Qu'il indique que le droit de propriété n'a de sens que lorsque les prérogatives attachées à ce droit, à savoir le droit d'user, de jouir et de disposer librement de son bien dès lors qu'il est établi que l'on est propriétaire, sont pleinement exercées ;

Qu'à cet égard, et toujours selon le requérant, l'article 10 de la loi n°21-2018 du 13 juin 2018 précitée dispose bien que « Les détenteurs des terres coutumières qui les font reconnaître par l'Etat acquièrent, de plein droit, la qualité de propriétaire terrien » ;

Qu'en subordonnant l'exercice du droit de propriété des propriétaires terriens à la formalité d'immatriculation, l'article 13 de la loi n°21-2018 du 13 juin 2018 fixant les règles d'occupation et d'acquisition des terres et terrains n'est, conclut-il, pas conforme à l'esprit et à la lettre de la Constitution du 25 octobre 2015 en son article 23 alinéa premier ;

Considérant qu'aux termes de l'article 23 alinéa premier de la Constitution, « Les droits de propriété et de succession sont garantis » ;

Considérant qu'à cet égard, l'article 125 alinéa 2 de la même loi fondamentale, en son 14ème tiret, dispose que « La loi fixe également les règles concernant le régime de la propriété, des droits réels et des obligations civiles et commerciales » ; qu'aux termes du 18ème tiret du même article 125 alinéa 2, « La loi fixe également le régime domanial et foncier » ;

Considérant que le législateur avait édicté la loi n°17-2000 du 30 décembre 2000 portant régime de la propriété foncière ainsi que la loi n°10-2004 du 26 mars 2004 fixant les principes généraux applicables aux régimes domanial et foncier pour encadrer et indiquer la façon dont chacun peut user, jouir et disposer des biens fonciers sur lesquels il prétend avoir des droits ; qu'il a, suivant l'article 13 de la loi n°17-2000 du 30 décembre 2000 portant régime de la propriété foncière au Congo, prescrit que « Le titre foncier est définitif et inattaquable... » ; qu'il a, par ailleurs, à travers l'article 7 alinéa 2 de la loi n°10-2004 du 26 mars 2004 fixant les principes généraux applicables aux régimes domanial et foncier, précisé que « La garantie du droit de propriété sur les sols ainsi que celle des autres droits réels résultent de leur immatriculation... » ; qu'aux termes de l'article 8 de la même loi, le titre foncier confère à son titulaire des droits définitifs, intangibles et inattaquables ;

Considérant que ce que le requérant entend par « restrictions » constitue, plutôt, un encadrement juridique, un ensemble de règles qui intègrent le régime de la propriété foncière, tel que prévu par les 14ème et 18ème tirets de l'article 125 alinéa 2 de la Constitution du 25 octobre 2015, que le législateur a pour mission de déterminer à l'effet de donner corps à la garantie constitutionnelle du droit de propriété ;

Considérant qu'en subordonnant ainsi la libre disposition des terres et terrains à leur immatriculation, le législateur, régulateur de la propriété, tient, objectivement, compte de la fragilité que représente tout transfert de propriété foncière par une personne dont les droits sur ladite propriété ne sont assis que sur des pièces révocables ;

Considérant que le droit positif congolais reconnaît, au-dessous du titre foncier qui confère à son titulaire des droits définitifs, intangibles et inattaquables, des documents qui, en raison de ce qu'ils lui sont de rang inférieur, constituent des titres précaires et, de ce fait, révocables dès lors qu'ils sont en concurrence avec un titre foncier portant sur une même propriété foncière ;

Considérant que le caractère précaire des documents autres que le titre foncier confère à leurs titulaires des droits aussi précaires et révocables que les documents qui les constatent ; que, dès lors, disposer librement de la propriété foncière alors que les droits y afférents reposent sur un document précaire est une source d'instabilité juridique qui, ne concourant pas à la garantie constitutionnelle de la propriété, suffirait plutôt à l'éroder ;

Considérant que s'il est admis que la propriété foncière est le droit d'user, de jouir et de disposer des espaces de terres ou terrains de la manière la plus absolue, c'est à la condition qu'il n'en soit pas fait un usage prohibé par les lois et règlements ;

Considérant que les restrictions légales critiquées par le requérant sont prescrites de façon temporaire et proportionnée dans le dessein justifié de s'assurer de la sécurité juridique des transactions portant sur les espaces de terre, ce, au regard de nombreux litiges et conflits sociaux occasionnés par le phénomène de superposition des ventes portant sur les mêmes propriétés foncières ; que le législateur, régulateur de la propriété, est, donc, à cet égard et au vu de l'intérêt général, fondé à l'encadrer ; qu'en procédant de la sorte, le législateur, contrairement aux allégations du requérant, n'a en rien imposé des restrictions qui dépasseraient celles généralement admises et qui seraient de nature à porter atteinte au droit de propriété tel que protégé par l'article 23 alinéa premier de la Constitution ; qu'il s'ensuit que l'article 13 critiqué n'est pas contraire à l'article 23 de la Constitution.

B. Sur la constitutionnalité de l'article 16

Considérant que le requérant rappelle que l'article 16 de la loi n°21-2018 du 13 juin 2018 fixant les règles d'occupation et d'acquisition des terres et terrains dispose « Pour la constitution des réserves foncières de l'Etat nécessaires à la mise en œuvre du plan national de développement économique et social, une rétrocession de dix pour cent (10%) de la superficie des terres ou terrains reconnus est faite à l'Etat par les propriétaires terriens.

« L'immatriculation d'office des terres coutumières par l'Etat conformément aux lois et règlements en vigueur, donne droit à une rétrocession à l'Etat, au titre des frais cadastraux et de création du titre foncier au profit des propriétaires terriens, de cinq pour cent (5%) de la superficie des terres reconnues » ;

Que, selon lui, on peut constater que la contradiction entre les dispositions constitutionnelles et celles de la loi ordinaire précitée est évidente et flagrante ; qu'il soutient que l'article 16 énonce, exactement, une règle à l'opposé de la règle constitutionnelle en ce qu'il dispose que l'Etat a le droit de s'approprier, sans contrepartie, d'office et d'autorité, le dixième de la propriété de tout citoyen qui se présenterait devant lui pour faire constater et reconnaître son droit de propriété sur des terres réputées coutumières ;

Que les dispositions de l'article 16 de la loi en cause constituent une atteinte grave au droit de propriété et que leur caractère arbitraire ôte, affirme-t-il, à l'Etat congolais son rôle de protecteur des droits des citoyens ;

Qu'il indique que l'Etat, en tant que puissance publique, dispose déjà d'un dispositif légal et réglementaire ci-après, pour se constituer des réserves foncières destinées aux besoins d'intérêt général : la loi n°9-2004 du 26 mars 2004 portant code du domaine de l'Etat, en ses articles 24 et

30 ; la loi n°11-2004 du 26 mars 2004 portant procédure d'expropriation pour cause d'utilité publique ; le décret n°2001-551 du 17 août 2001 portant classement des terrains ruraux attenant aux emprises des autoroutes et des routes ,nationales et départementales, en ses articles 1, 2 et 5 ;

Considérant, donc, qu'il est constant que le requérant critique l'article 16 en ses deux alinéas :

- **Sur l'alinéa premier de l'article 16**

Considérant que cet alinéa de l'article 16 a déjà fait l'objet d'un recours en inconstitutionnalité ; que, y donnant suite, la Cour constitutionnelle a, par décision n°002/DCC/SVA/18 du 13 septembre 2018, déclaré cette disposition inconstitutionnelle en raison de ce qu'elle ne prenait nullement en compte l'exigence constitutionnelle d'une juste et préalable indemnité prévue à l'article 23 alinéa 2 de la Constitution ;

Considérant qu'aux termes de l'article 181 alinéa 2 de la Constitution, « Les décisions de la Cour constitutionnelle ne sont susceptibles d'aucun recours. Elles s'imposent aux pouvoirs publics, à toutes les autorités administratives, juridictionnelles et aux particuliers » ;

Considérant qu'aucun changement de circonstances de fait ou de droit n'est établi pour incliner la Cour constitutionnelle à revenir sur la décision précitée ; qu'il sied, en conséquence, de rejeter la demande tendant à faire déclarer inconstitutionnel l'article 16 alinéa premier de la loi n°21-2018 du 13 juin 2018 fixant les règles d'occupation et d'acquisition des terres et terrains et de renvoyer le requérant à se référer à ladite décision.

- **Sur l'alinéa 2 de l'article 16**

Considérant qu'aux termes de l'article 23 de la Constitution, « Les droits de propriété et de succession sont garantis.

Nul ne peut être privé de sa propriété que pour cause d'utilité publique, moyennant une juste et préalable indemnité, dans les conditions prévues par la loi » ;

Considérant que la garantie constitutionnelle du droit de propriété ainsi énoncée n'est pas incompatible avec le régime de l'immatriculation qui, bien au contraire, concourt, plutôt, à la réalisation de cette prescription constitutionnelle ;

Que, dans ces conditions, l'immatriculation obligatoire des propriétés foncières reconnues, prévue à l'article 15 de la loi n°21-2018 du 13 juin 2018 fixant les règles d'occupation et d'acquisition des terres et terrains, est justifiée tant au regard de l'article 23 précité que du 14ème tiret de l'article 125 alinéa 2 de la Constitution qui investit le législateur du pouvoir de déterminer le régime de la propriété ; qu'ainsi, à défaut d'immatriculation volontaire par tout détenteur des terres coutumières, l'Etat est fondé à y procéder, ce, dans l'intérêt de la garantie du droit de propriété ;

Considérant que l'immatriculation d'office expose l'Etat à divers frais dont il est en droit de prétendre à la contrepartie ;

Considérant qu'à cette fin, le législateur a, souverainement, opté pour une compensation en nature de cinq pour cent (5%) de la superficie des terres reconnues qui ne saurait être regardée comme une expropriation déguisée ; que l'alinéa 2 critiqué de l'article 16 institue, en effet, un mécanisme juridique autonome qui tient compte du caractère obligatoire de l'immatriculation, aspect fondamental de la garantie constitutionnelle de la propriété, de la spécificité et de la superficie des terres en cause et du pouvoir économique de leurs détenteurs ;

Considérant qu'il suit de tout ce qui précède que l'alinéa 2 critiqué de l'article 16 n'est pas contraire à l'article 23 de la Constitution.

C. Sur la constitutionnalité de l'article 29

Considérant que le requérant rappelle que l'article 29 de la loi n°21-2018 du 13 juin 2018 fixant les règles d'occupation et d'acquisition des terres et terrains dispose : « Tout titre de propriété autre que le titre foncier est un titre précaire.

« Sont considérés comme titres précaires de propriété ;

« - le permis d'occuper ;

« - le contrat de cession ;

« - l'arrêté de reconnaissance des terres coutumières ou tout autre document susceptible de rapporter le caractère précaire de l'occupant d'une propriété foncière » ;

Qu'il fait observer que la propriété se définit comme le droit d'user, de jouir et de disposer de quelque chose de façon exclusive et absolue sous les seules restrictions de la loi, tandis que, poursuit-il, le titre de propriété ou acte de propriété est un acte qui prouve la qualité de propriétaire, définit précisément le bien objet de la propriété et permet de démontrer que l'on est propriétaire d'un bien quel que soit le mode d'acquisition ;

Que, dès lors, s'interroge-t-il, sur quel fondement le titre foncier peut-il être considéré comme unique source de la propriété ?

Qu'il indique que la notion de précarité suppose que les citoyens congolais non titulaires de titre foncier ne sont pas juridiquement propriétaires de leur patrimoine foncier et ne seraient que des occupants et des propriétaires dont les droits sur les biens fonciers sont, essentiellement, révocables par l'Etat ;

Qu'autrement dit, explique-t-il, l'Etat peut s'approprier toute propriété de n'importe quel citoyen en invoquant, tout simplement, la révocabilité de leurs droits assis sur des titres précaires ;

Que la reconnaissance, la garantie et la protection du droit de propriété dans toute sa plénitude sont, dans l'ordre juridique congolais, d'origine constitutionnelle de sorte que, selon lui, la contestation éventuelle d'un droit de propriété ne peut se faire que devant les instances habilitées et suivant les procédures bien établies ;

Que dans ce sens, une loi ordinaire quelconque ne peut ni en contester la portée ni la limiter en créant des concepts juridiques « indéfinissables du genre titre précaire de propriété » ;

Considérant que l'article 23 alinéa premier de la Constitution dispose que « Les droits de propriété… sont garantis » ;

Considérant, par ailleurs, qu'il résulte de l'article 125 alinéa 2 de la même loi fondamentale, en ses 14ème et 18ème tirets cités supra, que le législateur est habilité à édicter des règles relatives au régime de la propriété foncière ;

Considérant que le droit positif congolais instaure une hiérarchisation des pièces ou documents de nature à rattacher une personne à une propriété foncière en qualité d'occupant ou de propriétaire ; qu'au sommet de cette hiérarchie, le titre foncier est le seul de ces documents à être définitif, inattaquable et à conférer, ainsi, des droits tout autant définitifs et intangibles à son titulaire ; que cela n'est pas le cas des autres pièces qui, n'étant pas définitives et inattaquables comme le titre foncier, sont, pour cette raison, désignées par titres précaires qui confèrent des droits tout aussi précaires à leurs titulaires ; qu'il est, ainsi, évident qu'un titre précaire, inférieur par définition à un titre définitif et inattaquable qu'est le titre foncier, est révocable dès lors que les deux pièces renseignent sur des droits concurrents ; qu'à travers l'article 29 critiqué, le législateur ne fait que tirer les conséquences du dispositif juridique congolais en la matière ; que le requérant est, sur ce grief, mal fondé à soutenir que le législateur considère que le titre foncier est l'unique source de la propriété car cela ne résulte nulle part des énonciations de l'article 29 critiqué ; que, quoi qu'il en soit, l'Etat, comme tout justiciable, ne peut alléguer le caractère révocable des droits sur un bien foncier que s'il y oppose un titre supérieur ou un titre définitif attestant de ses droits sur le même bien, la question de la propriété devant se régler, avant tout, devant les juridictions compétentes par la production des preuves de nature à établir, à l'issue d'une procédure contradictoire, que l'on a des droits à faire prévaloir sur une propriété foncière ;

Considérant qu'à travers la disposition critiquée, et contrairement aux allégations du requérant, le législateur ne prévoit nullement la spoliation, par l'Etat, des citoyens qui ne seraient que détenteurs de titres précaires de propriété sur des biens fonciers sur lesquels ils prétendent avoir des droits ; qu'il ne procède, non plus, à « la contestation de la portée du droit de propriété » ni, abusivement et arbitrairement, à sa « limitation » ;

Considérant que, de tout ce qui précède, l'article 29 critiqué ne met nullement en cause la garantie constitutionnelle de la propriété ; qu'il n'est, donc, pas contraire à l'article 23 alinéa premier de la Constitution.

DECIDE :

Article premier – La Cour constitutionnelle est compétente.

Article 2 – La saisine de la Cour Constitutionnelle est régulière.

Article 3 – La requête de monsieur NGOMA Mathieu est recevable.

Article 4 – Les articles 13, 16 alinéa 2 et 29 de la loi n°21-2018 du 13 juin 2018 fixant les règles d'occupation et d'acquisition des terres et terrains ne sont pas contraires à l'article 23 de la Constitution.

Article 5 – La demande tendant à faire déclarer inconstitutionnel l'article 16 alinéa premier de la loi précitée est rejetée et le requérant est renvoyé, en conséquence, à se référer à la décision n°002/DCC/SVA/18 du 13 septembre 2018, par laquelle la Cour constitutionnelle s'est prononcée sur la constitutionnalité de l'alinéa premier dudit article.

Article 6 – La présente décision sera notifiée au requérant, au président du Sénat, au président de l'Assemblée nationale, au Premier ministre, chef du

Gouvernement, au ministre en charge des affaires foncières et publiée au Journal Officiel.

Délibéré par la Cour constitutionnelle en sa séance du 3 octobre 2018 où siégeaient :
- **Auguste ILOKI** : Président
- **Pierre PASSI** : Vice-président
- **Thomas DHELLO** : Membre
- **Marc MASSAMBA NDILOU** : Membre
- **Jacques BOMBETE** : Membre
- **Delphine EMMANUEL ADOUKI** : Membre
- **Jean Bernard Anaël SAMORY** : Membre
- **Justin BALLAY-MEGOT** : Membre
- **Antonin MOKOKO** : Secrétaire général

3. DECISION N°005/DCC/SVA/19 DU 6 JUIN 2019

LA COUR CONSTITUTIONNELLE :

A. Sur l'inconstitutionnalité des articles 12, 15, 28, 34, 36, 43 et 52

Considérant que les articles sus indiqués de la loi n°21-2018 du 13 juin 2018 fixant les règles d'occupation et d'acquisition des terres et terrains sont libellés comme ci-après :

- Article 12 – « Les terres coutumières sont interdites de lotissement, de cession à titre onéreux ou gratuit, d'échange, de donation entre vifs et d'acquisition par prescription avant leur reconnaissance par l'Etat » ;

- Article 15 – « L'immatriculation des terres coutumières reconnues par l'Etat est obligatoire.

« Le droit de requérir cette immatriculation appartient exclusivement au mandataire général.

« La création d'un titre foncier portant sur les terres coutumières, au profit des propriétaires terriens leur confère, de plein droit, la qualité de propriétaires fonciers » ;

- Article 28 – « Quiconque met en valeur des terres ou terrains ou une dépendance du domaine de l'Etat aux fins d'une jouissance privative ou accapare des terres ou terrains appartenant à autrui, dispose d'un patrimoine foncier sans titre de propriété définitif, le met en valeur en violation du schéma national ou départemental d'aménagement du territoire, du schéma directeur d'urbanisme, du plan directeur d'urbanisme, des plans d'occupation du sol, des plans d'affectation des terres, établis par l'Etat, est un occupant foncier illégal » ;

- Article 34 – « Toute personne réputée occupant illégal des terres ou terrains appartenant à autrui ne peut procéder ni à leur cession, ni à leur mutation.

« Toute cession ou toute mutation réalisée au mépris des dispositions de l'alinéa premier ci-dessus est nulle et de nul effet » ;

- Article 36 – « A défaut de preuve du droit de propriété sur les terres et terrains occupés sans titre foncier, l'occupant foncier précaire fait l'objet d'un déguerpissement, conformément à la procédure de l'article 33 de la présente loi » ;

- Article 43 – « Sans préjudice des sanctions civiles prévues par la présente loi, est passible d'un emprisonnement de six mois à cinq ans et d'une amende de cinq cent mille (500.000) à cinq millions (5.000.000) de francs CFA, quiconque aura cédé, occupé ou acquis sans autorisation de l'Etat, les terres du domaine rural, les terres ou terrains en zone urbaine ou périurbaine déclarés non constructibles ainsi que ses complices.

« Les infractions visées ci-dessus sont poursuivies sur dénonciation écrite du ministre en charge des affaires foncières, à la requête du ministre en charge de la justice » ;

- Article 52 – « L'inexécution des activités de développement économique ainsi que le défaut de paiement de l'impôt foncier prévus aux articles 49 et 50 de la présente loi, lorsque toutes les procédures de redressement et de recouvrement demeurent infructueuses, donnent lieu à la saisie des immeubles en cause et à leur vente, à la diligence du ministre en charge des affaires foncières et du ministre en charge des finances.

« En ce cas, l'Etat récupère les impayés de l'impôt foncier ainsi que les gains de toute nature sur le produit de la vente » ;

Considérant que les requérants allèguent, de façon sommaire, que ces dispositions violent l'article 23 de la Constitution qui garantit le droit de propriété ; qu'ils ne développent nullement leur moyen de façon à démontrer en quoi chacune de ces dispositions est contraire à l'article 23 de la Constitution ; qu'en formulant ainsi de façon laconique leur critique, les requérants ont privé la Cour constitutionnelle de tout moyen de contrôle de constitutionnalité desdites dispositions ;

Considérant qu'il n'appartient pas à la Cour constitutionnelle de suppléer la carence des requérants ; qu'il s'ensuit que les moyens visant les articles 12, 15, 28, 34, 36, 43 et 52, cités supra, encourent rejet ;

B. Sur l'inconstitutionnalité des articles 8, 10, 22 et 31

Considérant, d'une part, selon les requérants, que l'article 5 de la loi attaquée reconnaît que « Les terres coutumières sont des fonds de terre détenus en vertu des coutumes et traditions existantes » ;

Que la détention des terres coutumières s'entend de l'exercice du droit de propriété sur ces terres, sans titre, par voie successorale ;

Que l'article 23 de la Constitution garantit le droit de propriété issu du droit foncier coutumier, ou du droit moderne, comme étant le pouvoir d'user et de disposer d'un bien d'une façon exclusive et absolue ;

Que subordonner l'exercice du droit de propriété à la détention d'un titre de propriété définitif équivaut à la violation flagrante de l'article 23 de la Constitution ;

Considérant, d'autre part, que les requérants allèguent que les articles 8, 10, 22 et 31 de la loi en cause obscurcissent les notions de propriété et de preuve en la matière ; que l'ensemble des dispositions, ici, en cause contredisent les articles 5, 7 alinéa 1er, 18, 19, 20, 23, 24, 29, 30, 37 et 45 de la même loi qui reconnaissent, à côté de la législation moderne, les droits fonciers coutumiers, le droit d'acquérir et de transmettre les biens immeubles suivant les règles du code civil, du code de la famille et par l'effet de la reconnaissance des terres coutumières ; que les secondes dispositions étant conformes à l'article 23 de la Constitution, les premières devraient être déclarées inconstitutionnelles ;

B- a) Sur l'inconstitutionnalité des articles 8 et 10

Considérant que l'article 8 de la loi n°21-2018 du 13 juin 2018 fixant les règles d'occupation et d'acquisition des terres et terrains énonce :

« Pour jouir des terres coutumières, leurs détenteurs doivent, au préalable, les faire reconnaitre par l'Etat.

« La reconnaissance des terres coutumières est prononcée par arrêté du ministre en charge des affaires foncières sur la base du procès-verbal de la commission nationale de reconnaissance des terres coutumières.

« L'arrêté de reconnaissance des terres coutumières, assorti d'un plan de délimitation des terres reconnues, consacre leur origine coutumière, détermine leurs détenteurs et vaut autorisation d'immatriculation obligatoire de ces terres, sans préjudice des documents de planification, notamment, le plan de développement et d'aménagement, les plans d'affectation des terres et le plan d'urbanisme » ;

Considérant que l'article 10 prévoit :

« Les détenteurs des terres coutumières qui les font reconnaître par l'Etat acquièrent, de plein droit, la qualité de propriétaires terriens » ;

Considérant que l'article 23 de la Constitution dispose :

« Les droits de propriété et de succession sont garantis.

« Nul ne peut être privé de sa propriété que pour cause d'utilité publique, moyennant une juste et préalable indemnité, dans les conditions prévues par la loi » ;

Considérant que la propriété foncière, garantie par l'article 23 de la Constitution, couvre le droit de jouir et de disposer des espaces de terre ou terrain, de la manière la plus absolue, pourvu qu'il n'en soit pas fait un usage prohibé par les lois et règlements ;

Considérant que l'article 125 alinéa 2 de la même loi fondamentale, en son 14ème tiret, dispose que « La loi fixe également les règles concernant le régime de la propriété, des droits réels et des obligations civiles... » ; qu'aux termes du 18ème tiret du même article 125 alinéa 2, « La loi fixe également le régime domanial et foncier » ;

Considérant que le législateur, qui a reçu pouvoirs de la Constitution de fixer les règles relatives au régime de la propriété, des droits réels et des obligations civiles a, souverainement, déterminé non seulement les conditions d'accès à la terre mais également d'exercice des droits y afférents ;

Qu'il a, à cet égard, prescrit que la détention ou la reconnaissance des terres coutumières n'en permet que la jouissance et l'utilisation lorsqu'elles sont hors de toute contestation ; que la détention ne saurait, donc, se confondre avec la propriété qui, outre la jouissance, inclut la libre, exclusive et absolue disposition, à savoir la cession, l'échange... ; que les requérants sont, à cet égard, mal fondés à soutenir que l'article 10 « obscurcit la notion de propriété » ;

Qu'à cet égard et hors les cas de prescription acquisitive, les requérants ne sont, non plus, fondés à prétendre que « la détention des terres coutumières revient à l'exercice du droit de propriété sur ces terres, sans titre, de succession en succession, depuis avant la colonisation jusqu'à ce jour » ;

Considérant, de plus, que les requérants soutiennent que « la suspension de l'exercice du droit de propriété à la détention d'un titre de propriété définitif viole, de manière flagrante, les dispositions constitutionnelles précitées » alors que cela ne ressort, nulle part, des deux dispositions critiquées des articles 8 et 10 ; que celles-ci évoquent, plutôt, la reconnaissance des terres coutumières par l'Etat à la fois comme condition pour en jouir et comme formalité préalable à l'acquisition de la qualité de propriétaire terrien ; que les critiques articulées n'étant pas fondées, les articles 8 et 10 en cause sont, donc, conformes à l'article 23 de la Constitution ;

B- b) Sur l'inconstitutionnalité de l'article 22

Considérant que l'article 22 énonce :

« L'antériorité de l'occupation ou de l'acquisition des terres ou terrains n'est opposable aux tiers que lorsque les données cadastrales de la propriété foncière en cause, correspondent avec exactitude aux stipulations du certificat de géo-référencement initial, à l'authenticité des documents graphiques et littéraux établis, à cet effet, par l'administration du cadastre, aux résultats de l'enquête parcellaire de traçabilité et à l'acte translatif de propriété, dûment établi par le propriétaire originel » ;

Considérant que l'article 22 critiqué s'inscrit dans le cadre de la garantie constitutionnelle de la propriété ;

Considérant, en effet, d'une part, que l'article 22 permet de prémunir contre le phénomène de ventes successives d'une même propriété foncière par une ou plusieurs personnes à plusieurs autres ; que le législateur, à travers cette disposition, sanctionne toute vente non régulièrement consentie par le propriétaire ;

Considérant, d'autre part, que cet article indique, à cet égard, les documents servant de preuve, notamment en cas de litige qui requiert de déterminer parmi les occupants ou les acquéreurs celui qui a régulièrement occupé les terres ou terrains en premier ou celui qui les a acquis, en premier, auprès du propriétaire ;

Considérant que ces règles, qui poursuivent ainsi la garantie constitutionnelle de la propriété, n'obscurcissent nullement cette notion de propriété encore moins celle de preuve qui lui est indissociable ; que, dès lors, l'article 22 critiqué de la loi n°21-2018 du 13 juin 2018 fixant les règles d'occupation et d'acquisition des terres et terrains est conforme à l'article 23 de la Constitution ;

B- c) Sur l'inconstitutionnalité de l'article 31

Considérant que l'article 31 dispose :

> « A la suite d'une possession continue, réelle, paisible, publique et non équivoque, l'occupant foncier précaire peut, au bout de trente ans, acquérir le droit de propriété des terres et terrains occupés dans les strictes limites des aménagements fonciers réalisés » ;

Considérant que cet article 31 ne fait que cristalliser la prescription acquisitive trentenaire comme l'un des modes d'acquisition des terres et terrains ;

Considérant, d'ailleurs, que les requérants n'indiquent pas en quoi cette disposition obscurcit la notion de propriété et celle de preuve qui lui est attenante au point d'être non conforme à l'article 23 de la Constitution ; qu'il s'ensuit que ce moyen encourt rejet ;

C. Sur l'inconstitutionnalité des articles 3, 13, 33, 42, 47, 48 et 54

Considérant que les requérants affirment que l'atteinte portée au droit de propriété est d'autant plus grave que les articles 13, 33 et 47 de la loi en cause abolissent tous les titres précaires de propriété ainsi que les titres fonciers portant sur les zones dites « non constructibles » obtenus antérieurement ; que cette abolition a un effet rétroactif sur les droits acquis de tous les propriétaires fonciers coutumiers ainsi que sur ceux de leurs acquéreurs ;

Que, de même, les dispositions des articles 3, 33, 42, 48 et 54 de la même loi heurtent le droit de propriété de toutes les personnes de droit privé sur leurs biens, immatriculés ou non, en les dépossédant des espaces catégorisées comme « non constructibles », ce, au profit de l'Etat et sans aucune indemnisation ;

Que, contrairement à l'article 23 de la constitution, ces dispositions donnent à l'Etat le droit de déguerpir d'office, sur simple procès-verbal, tous les occupants desdits espaces ;

C- a) Sur l'inconstitutionnalité de l'article 3

Considérant que l'article 3 prévoit :

> « Les terres et terrains situés à l'intérieur du périmètre d'une commune ou d'une communauté urbaine, affectés à l'usage du public ou considérés comme propriété de l'Etat par nature ou par destination, constituent le domaine urbain » ;

Considérant que cette disposition, qui ne procède qu'à la définition du concept « domaine urbain », ne traite nullement du droit de propriété et de succession des propriétaires fonciers coutumiers et de leurs acquéreurs ; qu'elle n'interdit, nulle part, l'exercice desdits droits et n'opère, en rien, dépossession d'office des titulaires de ces droits de leurs biens ; qu'ainsi, le moyen visant l'article 3 est inopérant ; qu'il sied de le rejeter ;

C- b) Sur l'inconstitutionnalité de l'article 13

Considérant que l'article 13 dispose : « Tout lotissement, toute cession, toute donation entre vifs, ou de façon générale, toute mutation ou tout transfert de propriété portant sur les terres coutumières reconnues par l'Etat, ne peut s'effectuer qu'après immatriculation de celles-ci » ;

Considérant que dans sa décision n°003/DCC/SVA/18 du 3 octobre 2018, la Cour constitutionnelle avait déjà déclaré cet article 13 conforme à la Constitution aux visas des articles 23, alinéa premier, 125 alinéa 2, $14^{\text{ème}}$ et $18^{\text{ème}}$ tirets, de la Constitution ;

Que la Cour considère, en effet, que disposer librement de la propriété foncière alors que les droits y afférents reposent sur un document précaire est une source d'instabilité juridique qui, ne concourant pas à la garantie constitutionnelle de la propriété, suffirait plutôt à l'éroder ; que le législateur était donc fondé à subordonner la libre disposition des terres et terrains à leur immatriculation ;

Considérant qu'aux termes de l'article 181 alinéa 2 de la Constitution, « Les décisions de la Cour constitutionnelle ne sont susceptibles d'aucun recours. Elles s'imposent aux pouvoirs publics, à toutes les autorités administratives, juridictionnelles et aux particuliers » ; qu'il sied, en conséquence, de rejeter le moyen tendant à faire déclarer inconstitutionnel l'article 13 de la loi n°21-2018 du 13 juin 2018 précité et de renvoyer les requérants à l'observation de la décision sus-indiquée ;

C- c) Sur l'inconstitutionnalité de l'article 33

Considérant que l'article 33 prescrit :

> « Les titres précaires ne justifiant d'aucun lien cadastral direct avec la propriété foncière sont nuls et de nul effet, à l'issue d'une enquête sanctionnée par un procès-verbal de traçabilité foncière, dressé par l'administration du cadastre national foncier.
>
> Le procès-verbal qui établit également l'occupation illégale de la propriété foncière vaut titre de déguerpissement des terres ou terrains occupés illégalement.
>
> En ce cas, l'occupant illégal fait l'objet d'un déguerpissement, en la forme administrative, après une mise en demeure de quarante-cinq (45) jours restée infructueuse » ;

Considérant que la garantie du droit de propriété, telle que prévue à l'article 23 de la Constitution, obéit aux règles édictées par le législateur dont celles relatives à la preuve ; que s'il est admis que les modes de preuve de la propriété foncière sont libres, c'est à la condition qu'ils rattachent celle-ci à celui qui la revendique par un lien juridique régulier, suffisant et évident ;

Considérant, en effet, que nul ne saurait être fondé à réclamer une propriété foncière avec laquelle il n'a aucun lien juridique régulièrement acquis et établi ; que c'est, donc, à juste titre que le législateur sanctionne les titres précaires y afférents de nullité et trouve à caractériser dans un tel cas une situation constitutive d'occupation illégale et dont la procédure de déguerpissement n'est que la juste conséquence ; qu'en libellant ledit article ainsi qu'il l'a fait, le législateur n'a en rien porté atteinte au droit de propriété tel que garanti par l'article 23 de la Constitution ; que l'article 33 de la loi en cause lui est, donc, conforme ;

C- d) Sur l'inconstitutionnalité des articles 47 et 48

Considérant que l'article 47 prescrit :

> « Les titres fonciers issus des occupations ou des acquisitions illégales portant sur les terres du domaine rural ainsi que sur les terres ou terrains en zones urbaine et périurbaine déclarés non constructibles délivrés aux personnes physiques ou morales, postérieurement à la date d'entrée en vigueur de la présente loi, sont nuls et de nul effet.
>
> Avant le prononcé de la nullité, les titres fonciers y afférents sont inopposables à l'Etat et aux tiers.
>
> La nullité est prononcée à la requête du ministre en charge des affaires foncières ou de son représentant » ;

Considérant que l'article 48 énonce :

> « L'occupation ou l'acquisition des terres du domaine rural, des terres ou terrains en zones urbaine ou périurbaine déclarés non constructibles définis à l'article 42 de la présente loi est réputée illégale, nulle et de nul effet, sous réserve des dispositions de ses alinéas 3 et 4.
>
> L'occupant ou l'acquéreur illégal est soumis à la procédure de déguerpissement prévues à l'article 33 de la présente loi » ;

Considérant que l'article 125 alinéa 2 de la Constitution, en son 14ème tiret, dispose que « La loi fixe également les règles concernant le régime de la propriété, des droits réels et des obligations civiles... » ; qu'aux termes du 18ème tiret du même article 125 alinéa 2, « La loi fixe également le régime domanial et foncier » ;

Considérant qu'au regard du rôle et de la mission qui lui sont dévolus par la Constitution, le législateur a, aux fins de sécurisation de l'accès à la terre et donc objectivement pour des raisons d'intérêt général, interdit d'acquisition les terres et terrains situés dans les zones dites « non constructibles » qui, par nature et donc à l'évidence, sont incompatibles avec toute occupation ;

Considérant que l'acquisition des terres et terrains dans des conditions régulières garantissant la sécurité des acquéreurs est indissociable de la garantie constitutionnelle de la propriété qu'elle contribue à assurer ; que, dès lors, la critique selon laquelle les articles 47 et 48 abolissent tous les titres précaires ainsi que les titres fonciers portant sur les zones dites « non constructibles » n'est pas fondée car l'occupation des terres et terrains, objet de ces titres, met en péril leurs occupants et est préjudiciable, du fait des dégâts collatéraux qu'elle occasionne, aux tiers et à l'Etat ;

Considérant, de plus, que l'article 47 visé, de façon explicite, en les frappant de nullité, les titres fonciers issus des occupations ou des acquisitions illégales portant sur les terres ou terrains situés dans des zones non constructibles délivrés postérieurement à la date d'entrée en vigueur de la loi en examen et non, comme l'indiquent les requérants, ceux délivrés antérieurement à la date d'entrée en vigueur de ladite loi ; qu'en sanctionnant ces titres de nullité, le législateur n'a nullement violé l'article 23 de la Constitution dès lors qu'il œuvre en faveur de la garantie constitutionnelle de la propriété ; que les moyens n'étant pas fondés, les articles 47 et 48 sont, donc, conformes à cette disposition constitutionnelle ;

C- e) Sur l'inconstitutionnalité des articles 42 et 54

Considérant que les articles 42 et 54 disposent :

- Article 42 – « Sont interdits d'occupation ou d'acquisition les terres du domaine rural, les terres ou terrains en zones urbaine ou périurbaine déclarés non constructibles, définis ainsi qu'il suit :

- les montagnes sablonneuses, les zones sablonneuses dont la pente est supérieure à 5%, les versants des montagnes sablonneuses, les aires protégées ;

- les emprises de l'océan, des fleuves, des rivières, des lacs, des autoroutes, des routes nationales et départementales, des avenues et des rues, des chemins de fer, des lignes de transport électrique à haute et moyenne tension, des aéroports, des pipelines, des réserves foncières de l'Etat, des espaces publics urbains, des forêts naturelles et artificielles domaniales, des terres à vocation forestière, des barrages hydroélectriques, des centrales électriques, du domaine public de monument, du domaine public de défense nationale, des unités industrielles, des établissements publics scolaires et universitaires, des structures publiques de santé, des zones économiques spéciales, des exploitations pétrolières on shore et minières, des zones urbaines et périurbaines agropastorales et aquacoles ou à vocation agropastorale et aquacole ;

- les zones frontalières, marécageuses, d'érosion, d'éboulement, d'affaissement, d'inondation, de sable mouvant, de carrière de pierres et de sable.

Les zones non constructibles ci-dessus définis sont la propriété exclusive de l'Etat.

Toutefois, l'Etat peut réaliser ou autoriser la réalisation, conformément à l'avis de la commission technique d'urbanisme, des aménagements publics ou des mises en valeur privées sur les terres du domaine rural, les terres ou terrains en zones urbaine ou périurbaine déclarés non constructibles.

En ce cas, une étude d'impact environnemental et social est prescrite préalablement à la réalisation de tout projet de développement industriel susceptible de nuire à la conservation du sol et du sous-sol » ;

- Article 54 – « La présente loi, qui abroge toutes dispositions antérieures contraires, sera publiée au Journal Officiel et exécutée comme loi de l'Etat » ;

Considérant que les dispositions combinées des articles 23 et 125 alinéa 2, 14ème et 18ème tirets, de la Constitution autorisent le législateur à déterminer les conditions de mise en œuvre de la garantie constitutionnelle de la propriété ; que, comme indiqué supra, le législateur a usé de son pouvoir général d'appréciation et a, souverainement, catégorisé certains espaces fonciers en zones non constructibles pour des considérations tenant à la sécurité des citoyens et donc à l'intérêt général ; que l'interdiction faite de s'en approprier n'équivaut, nullement, à une dépossession car celle-ci présume, au préalable, une possession régulière dont, d'ailleurs, lesdites zones ne peuvent faire l'objet ;

Considérant, à cet égard, que l'article 46 de la loi n°9-2004 du 26 mars 2004 portant code du domaine de l'Etat appréhende cette catégorie d'espace foncier sous la qualification de « biens vacants et sans maîtres » qui, de ce fait, appartiennent à l'Etat ; qu'en indiquant que « Les zones non constructibles ci-dessus définies sont la propriété exclusive de l'Etat », le législateur, à travers l'article 42 critiqué, n'a fait que rappeler l'état du droit en la matière ; qu'il est, dans ces conditions, abusif pour tout particulier de réclamer une indemnisation pour des terres insusceptibles d'appropriation et, par ailleurs, propriété exclusive de l'Etat, qui, garant de l'intérêt général, dispose de l'expertise nécessaire à leur préservation ou à leur mise en valeur ; qu'il s'ensuit que les requérants sont mal fondés à soutenir que l'article 42 heurte le droit de propriété de toutes les personnes de droit privé sur leurs biens, immatriculés ou non, en les possédant des espaces catégorisées comme « non constructibles » au profit de l'Etat et sans aucune indemnisation ; que l'article 42 est, donc, conforme à l'article 23 de la Constitution ;

Considérant, en outre, que l'article 54 est une disposition classique qui ne fait que rappeler la primauté de la nouvelle loi sur d'autres qui lui sont antérieures et contraires, à l'effet de débarrasser l'ordonnancement juridique de toute contrariété ;

Considérant, bien plus, que les requérants ne démontrent pas en quoi cet article, qui assure la cohérence de l'ordonnancement juridique, porte atteinte au droit de propriété garanti par l'article 23 de la Constitution ; qu'il s'ensuit que ce moyen encourt rejet ;

D. Sur l'inconstitutionnalité des articles 18 alinéa 2 et 53

Considérant que, selon les requérants, les dispositions ci-dessus indiquées violent le droit constitutionnel des populations à disposer des richesses et ressources naturelles du sol et du sous-sol, qui font partie de leur propriété, tel que garanti par l'article 21 alinéa 1 et 2 de la Charte africaine des droits de l'homme et des peuples du 27 juin 1981 ;

Considérant que l'article 18 alinéa 2 dispose : « Le droit de propriété foncière porte exclusivement sur le sol » ;

Considérant qu'aux termes de l'article 53, « Les ressources naturelles du sol et du sous-sol contenues dans les terres coutumières et dans les terres et terrains en zones urbains et périurbaine, demeurent la propriété exclusive de l'Etat » ;

Considérant que l'article 21 de la Charte africaine des droits de l'Homme et des peuples du 27 juin 1981 prévoit :

1. « Les peuples ont la libre disposition de leurs richesses et de leurs ressources naturelles. Ce droit s'exerce dans l'intérêt exclusif des populations. En aucun cas, un peuple ne peut en être privé.

2. « En cas de spoliation, le peuple spolié a droit à la légitime récupération de ses biens ainsi qu'à une indemnisation adéquate.

3. « La libre disposition des richesses et des ressources naturelles s'exerce sans préjudice de l'obligation de promouvoir une coopération économique internationale fondée sur le respect mutuel, l'échange équitable, et les principes du droit international.

4. « Les Etats, parties à la présente Charte, s'engagent, tant individuellement que collectivement, à exercer le droit de libre disposition de leurs richesses et de leurs ressources

naturelles, en vue de renforcer l'unité et la solidarité africaines.

5. « Les Etats, parties à la présente Charte, s'engagent à éliminer toutes les formes d'exploitation économique étrangère, notamment celle qui est pratiquée par des monopoles internationaux, afin de permettre à la population de chaque pays de bénéficier pleinement des avantages provenant de ses ressources nationales » ;

Considérant qu'aux sens de l'alinéa 4 de l'article 21 de la Charte africaine des droits de l'Homme et des peuples précitée, la notion de peuple mentionnée à l'alinéa 1er dudit article 21 renvoie non pas aux citoyens ou aux individus mais aux Etats qui en sont parties et qui ont la libre disposition des ressources naturelles qui appartiennent, communément, à toutes leurs populations auxquelles elles doivent bénéficier ; qu'il en résulte que, contrairement aux allégations des requérants, l'article 21 de la Charte précitée ne prévoit nullement, au détriment de l'Etat, un droit privatif et individuel des populations à disposer des richesses et ressources naturelles du sol et du sous-sol de leur propriété foncière ; que ce moyen est, par conséquent, mal fondé ; que les articles 18 alinéa 2 et 53 critiqués sont, donc, conformes à l'article 21 de la Charte africaine des droits de l'Homme et des peuples ;

E. Sur l'inconstitutionnalité de l'article 27

Considérant que les requérants allèguent que l'article 27 viole les articles 27 de la Constitution et 29 alinéa 2 de la Déclaration universelle des droits de l'Homme du 10 décembre 1948 en ce qu'il empêche toute association de propriétaires fonciers de définir librement les conditions d'adhésion ou de perte de la qualité de membre ;

Que cet article 27 subordonne l'adhésion à toute association des propriétaires fonciers, ainsi que le maintien de la qualité de membre, à la possession des terres immatriculées par les intéressés ;

Qu'il empêche, par ailleurs, les populations autochtones de jouir de la liberté d'association car, estiment-ils, l'article 32 de la loi n°5-2011 du 25 février 2011 portant promotion et protection des droits des populations autochtones exempte ces dernières, ayant la qualité de propriétaires fonciers coutumiers, de l'obligation d'immatriculation de leurs biens alors, poursuivent-ils, que l'article 27 critiqué érige cette obligation en condition d'adhésion à une association de propriétaires fonciers ;

Considérant que l'article 27 de la loi n°21-2018 du 13 juin 2018 précitée dispose :

« Nul ne peut porter la qualité de membre d'une association des propriétaires terriens, des occupants fonciers précaires ou des propriétaires fonciers s'il ne dispose de terres ou terrains reconnus par l'Etat ou de terres ou terrains régulièrement immatriculés.

La qualité de membre de l'association s'éteint après épuisement de son patrimoine foncier » ;

Considérant qu'aux termes de l'article 27 de la Constitution, « L'Etat reconnaît et garantit, dans les conditions fixées par la loi, les libertés d'association, de réunion, de cortège et de manifestation » ;

Considérant que l'article 29 alinéa 2 de la Déclaration universelle des droits de l'Homme du 10 décembre 1948 stipule : « Dans l'exercice de ses droits et dans la jouissance de ses libertés, chacun n'est soumis qu'aux limitations établies par la loi exclusivement en vue d'assurer la reconnaissance et le respect des droits et libertés d'autrui et afin de satisfaire aux justes exigences de la morale, de l'ordre public et du bien-être général dans une société démocratique » ;

Considérant, d'une part, que l'article 27 critiqué se contente de faire, de façon cohérente, le lien entre le domaine d'intervention de l'association, les intérêts qu'elle défend et ceux qui peuvent en être membres ; que cette disposition ne fait que tirer les conséquences de l'objet de toute association ; qu'il en résulte que les conditions d'adhésion à une association ou de perte de la qualité de membre doivent être définies au regard de son objet ;

Considérant, d'autre part, que l'article 16 de la Constitution dispose : « La loi garantit et assure la promotion et la protection des droits des peuples autochtones » ; que c'est tout le sens de la loi n°5-2011 du 25 février 2011 portant promotion et protection des droits des peuples autochtones qui énonce à son article 32 :

« L'Etat facilite la délimitation de ces terres sur la base de leur droit foncier coutumier, en vue d'en garantir la connaissance.

Les droits des populations autochtones sur leurs terres sont imprescriptibles et inaliénables, sauf en cas d'expropriation pour cause d'utilité publique » ;

Considérant, à cet égard, qu'en raison de l'imprescriptibilité et de l'inaliénabilité de leurs droits sur leurs terres, les populations autochtones intéressées sont, de droit, membres des associations des propriétaires terriens ou des propriétaires fonciers ; que cet acquis légal n'est nullement remis en cause par l'article 27 critiqué de la loi n°21-2018 du 13 juin 2018 fixant les règles d'occupation et d'acquisition des terres et terrains ;

Considérant, en effet, que la loi n°21-2018 du 13 juin 2018 précitée est un texte de portée générale par rapport à la loi n°5-2011 du 25 février 2011 portant promotion et protection des droits des populations autochtones qui, au regard de l'article 16 de la Constitution, est une loi spéciale et dérogatoire ; que dans ces conditions et en l'absence de toute disposition expresse, l'article 27 critiqué ne saurait abroger les dispositions d'une loi spéciale et dérogatoire, notamment celles de l'article 32 de la loi n°5-2011 du 25 février 2011 portant promotion et protection des populations autochtones ;

Considérant qu'au regard des dispositions dérogatoires de l'article 32 de la loi n°5-2011 sus citée, opposables à l'article 27 critiqué, et contrairement aux allégations des requérants, l'immatriculation n'est nullement une condition d'adhésion desdites populations aux associations des propriétaires fonciers ; qu'ainsi, l'article 27 de la loi n°21-2018 du 13 juin 2018 précitée n'empêche nullement les populations autochtones de jouir de la liberté d'association ;

Considérant, en somme, qu'ayant édicté ainsi qu'il l'a fait à l'article 27, le législateur n'a en rien violé le principe de la liberté d'association ; que cet article est, donc, conforme aux articles 27 de la Constitution et 29 de la Déclaration universelle des droits de l'Homme ;

F. Sur la violation de l'article 16 de la constitution par les articles 3, 8, 10, 12, 13, 15, 18 alinéa 2, 22, 27, 28, 31, 33, 34, 36, 42, 43, 47, 48, 52, 53 et 54 de la loi n°21-2018 du 13 juin 2018 fixant les règles d'occupation et d'acquisition des terres et terrains

Considérant que les requérants allèguent que l'article 16 de la Constitution élève au rang des dispositions constitutionnelles la loi n°5-2011 du 25 février 2011 portant promotion et protection des populations autochtones ;

Que, selon eux, il résulte de la combinaison des articles 16 de la Constitution, 6 et 32 de la loi n°5-2011 du 25 février 2011 précitée que les droits fonciers coutumiers des populations autochtones, ainsi que leurs droits matrimoniaux et successoraux, ont une valeur constitutionnelle ;

Que toutes les dispositions qu'ils attaquent violent les articles 16 de la Constitution, 6 et 32 sus-indiqués en ce qu'elles méconnaissent et abrogent tant les droits fonciers coutumiers matrimoniaux et successoraux des populations autochtones que leurs droits à disposer des ressources et richesses du sol et du sous-sol ;

Considérant que l'article 16 de la Constitution dispose : « La loi garantit et assure la promotion et la protection des droits des peuples autochtones » ;

Considérant que ni le préambule ni aucune autre disposition de la Constitution n'intègre dans le bloc de constitutionnalité la loi n°5-2011 du 25 février 2011 portant promotion et protection des droits des populations autochtones ; que l'objet de l'article 16 précité de la Constitution est, plutôt, de donner compétence au législateur d'édicter des règles qui garantissent et assurent la promotion et la protection des droits des populations autochtones ; que tel est, du reste, l'objet de la loi précitée.

Considérant, par ailleurs, que la violation de l'article 16 de la Constitution par l'ensemble des dispositions attaquées n'est pas démontrée car aucune de ces dispositions, telles que contrôlées supra, ne méconnaît ni n'abroge les droits fonciers coutumiers matrimoniaux et successoraux des populations autochtones qui, d'ailleurs, sont garantis par la loi n°5-2011 du 25 février 2011 portant promotion et protection des populations autochtones, toujours en vigueur ;

Considérant, en outre, que l'article 16 de la Constitution dont la violation est invoquée ne consacre, nulle part, les droits des populations autochtones à disposer des ressources et richesses du sol et du sous-sol de leurs terres et terrains ; que les dispositions attaquées ne sauraient, donc, violer un droit non prévu par la Constitution ; qu'il s'ensuit que le moyen tiré de la violation de l'article 16 de la Constitution par l'ensemble des dispositions critiquées encourt rejet ;

DECIDE :

Article premier – La Cour Constitutionnelle est compétente.

Article 2 – La saisine de la Cour constitutionnelle est régulière.

Article 3 – La requête de mesdames NGAMBIO Thérèse Lydie, KIKOUNOU Henriette et monsieur MALONGA Léonard Hippolyte est recevable.

Article 4 – Les articles 8, 10 18 alinéa 2, 22, 27, 33, 42, 47, 48 et 53 de la loi n°21-2018 du 13 juin 2018 fixant les règles d'occupation et d'acquisition des terres et terrains ne sont pas contraires aux articles 16, 23 et 27 de la Constitution, 21 alinéas 1 et 2 de la Charte africaine des droits de l'Homme et des Peuples et 29 alinéa 2 de la Déclaration universelle des droits de l'Homme.

Article 5 – Le moyen tendant à faire déclarer inconstitutionnel l'article 13 de la loi précitée est rejeté et les requérants sont, en conséquence, renvoyés à se référer à la décision n°003/DCC/SVA/18 du 3 octobre 2018, par laquelle la Cour constitutionnelle s'est prononcée sur la constitutionnalité dudit article.

Article 6 – Les moyens tendant à faire déclarer inconstitutionnels les articles 3, 12, 15, 28, 31, 34, 36, 43, 52 et 54 de la loi précitée sont rejetés.

Article 7 – Le moyen tiré de la violation de l'article 16 de la Constitution par l'ensemble des dispositions attaquées est rejeté.

Article 8 – La présente décision sera notifiée aux requérants, au président du Sénat, au président de l'Assemblée Nationale, au Premier ministre, chef du Gouvernement, au ministre en charge des affaires foncières, au ministre de la justice, des droits humains et de la promotion des peuples autochtones et publiée au Journal Officiel.

Délibéré par la Cour constitutionnelle en sa séance du 6 juin 2019 où siégeaient :

- **Auguste ILOKI** : Président
- **Pierre PASSI** : Vice-président
- **Jacques BOMBETE** : Membre
- **Marc MASSAMBA NDILOU** : Membre
- **Delphine Edith ADOUKI, épouse EMMANUEL** : Membre
- **Norbert ELENGA** : Membre
- **ESSAMY-NGATSE** : Membre
- **Placide MOUDOUDOU** : Membre
- **Antonin MOKOKO** : Secrétaire

CONCLUSION

Après analyse de la loi du 13 juin 2018 et de ses six (6) textes d'application, il ressort que le Congo dispose des textes normatifs essentiels susceptibles de contribuer au renforcement de l'effectivité des règles d'occupation et d'acquisition des terres et terrains. Qu'il s'agisse des populations ou des autorités en charge des questions foncières, personne ne devrait alléguer de prétexte pour réclamer éventuellement depuis la promulgation de la loi des textes d'application aujourd'hui accessibles à tous. L'ignorance des textes ne devrait plus normalement être tolérée. A l'opposé de l'ignorance, c'est une compréhension plus profonde des textes nouveaux du droit foncier congolais qui est attendue de tous.

En effet, l'aboutissement devant la Cour constitutionnelle d'un recours en inconstitutionnalité contre l'article 16 alinéa premier a pu laisser croire à une bonne partie de l'opinion que la majeure partie des dispositions de la loi du 13 juin 2018 était inconstitutionnelle. Loin de là au contraire, la Cour constitutionnelle a relevé la conformité à la constitution de la totalité des dispositions de la loi citée, nonobstant le fait qu'elle ait écarté l'application de l'alinéa premier de l'article 16.

La nouvelle loi expose les propriétaires terriens de mauvaise foi, les occupants précaires et illégaux, les agents de l'Etat véreux à des sanctions civiles, administratives et pénales, lorsqu'ils ne se conforment pas à la loi. Les questions foncières étant transversales, l'implication de tous les acteurs et services de l'Etat est ici requise.

Le nouveau droit foncier congolais, on le voit, garantit une gestion foncière plus intelligible et plus pratique, débarrassée des conflits fonciers et protecteur des droits fonciers de l'Etat, des collectivités locales, des établissements publics, des détenteurs des terres coutumières, des citoyens propriétaires légitimes des terres et terrains et des investisseurs.

C'est pourquoi, les autorités judiciaires, administratives et l'ensemble de la population feraient œuvre utile en veillant au respect de ces textes pour le bien de tous.

Structures éditoriales du groupe L'Harmattan

L'Harmattan Italie
Via degli Artisti, 15
10124 Torino
harmattan.italia@gmail.com

L'Harmattan Hongrie
Kossuth l. u. 14-16.
1053 Budapest
harmattan@harmattan.hu

L'Harmattan Sénégal
10 VDN en face Mermoz
BP 45034 Dakar-Fann
senharmattan@gmail.com

L'Harmattan Cameroun
TSINGA/FECAFOOT
BP 11486 Yaoundé
inkoukam@gmail.com

L'Harmattan Burkina Faso
Achille Somé – tengnule@hotmail.fr

L'Harmattan Guinée
Almamya, rue KA 028 OKB Agency
BP 3470 Conakry
harmattanguinee@yahoo.fr

L'Harmattan RDC
185, avenue Nyangwe
Commune de Lingwala – Kinshasa
matangilamusadila@yahoo.fr

L'Harmattan Congo
67, boulevard Denis-Sassou-N'Guesso
BP 2874 Brazzaville
harmattan.congo@yahoo.fr

L'Harmattan Mali
ACI 2000 - Immeuble Mgr Jean Marie Cisse
Bureau 10
BP 145 Bamako-Mali
mali@harmattan.fr

L'Harmattan Togo
Djidjole – Lomé
Maison Amela
face EPP BATOME
ddamela@aol.com

L'Harmattan Côte d'Ivoire
Résidence Karl – Cité des Arts
Abidjan-Cocody
03 BP 1588 Abidjan
espace_harmattan.ci@hotmail.fr

Nos librairies en France

Librairie internationale
16, rue des Écoles
75005 Paris
librairie.internationale@harmattan.fr
01 40 46 79 11
www.librairieharmattan.com

Librairie des savoirs
21, rue des Écoles
75005 Paris
librairie.sh@harmattan.fr
01 46 34 13 71
www.librairieharmattansh.com

Librairie Le Lucernaire
53, rue Notre-Dame-des-Champs
75006 Paris
librairie@lucernaire.fr
01 42 22 67 13

Achevé d'imprimer par Corlet - 14110 Condé-en-Normandie
N° d'Imprimeur : 1282247 - Mai 2023 - Imprimé en France